Manuel Mertes

Der Gefängnisschreiber

Manuel Mertes

Der Gefängnisschreiber

ROMAN

DeBehr

ISBN: 978-3-939241-10-2

Herausgeber: Verlag DeBehr, Radeberg
Erstauflage: 2010

Inhaltsverzeichnis

Der erste Tag

Die schwere eiserne Zellentür fällt mit einem dumpfen Schlag hinter Mane ins Schloss. Mit einem rasselnden Geräusch dreht sich der Schlüsselbund des Wachmannes zweimal. Danach entfernen sich seine hallenden Schritte.

Minutenlang steht Mane wie versteinert da. Auf den vorgestreckten Armen hält er eine Decke, ein Laken, ein dünnes blau-kariertes Handtuch, darauf einen Blechteller mit Löffel, Gabel sowie einem Messer aus weichem, biegsamen Metall, dazu einen Becher und Waschzeug. Die Zelle ist etwas über zwei Meter breit und circa dreieinhalb Meter lang. Eine schwache Glühbirne, die an einer Strippe von der Decke herabhängt, taucht den Raum in ein funzeliges Licht. An der rechten Wand ist ein Bett hochgeklappt. Ihm gegenüber steht ein schmaler Tisch mit einem Hocker, darüber ein kleiner Hängeschrank für persönliche Sachen. An der Stirnseite befindet sich oben ein kleines, stark vergittertes Fenster, darunter ein weißes Toilettenbecken ohne Sitz und Deckel sowie ein kleines Waschbecken.

Mane hatte sich vorgenommen, nicht zu weinen. Aber jetzt überkommt ihn ein Gefühl, das schwer zu beschreiben ist. Noch vor einer Stunde war er mit seiner Familie zusammen gewesen, mit seiner jungen Frau Beate und seinen beiden kleinen Töchtern, Mirjam, erst 17 Monate alt und Steffi, ganze zwei Wochen alt. Beate war erst vor einer Woche mit ihr aus dem Krankenhaus nach Hause gekommen.

Sie alle hatten ihn zum Gefängnistor begleitet, das von Weitem wie ein Burgtor aussieht, hinter dem man mittelalterliche Verliese vermuten könnte. Ihre Schritte waren immer langsamer geworden, je näher sie dem bedrohlichen Tor gekommen waren. Mane hatte Beate immer wieder gefragt, ob sie auch wirklich alles besprochen hätten, was in den nächsten Monaten für sie und die Kinder wichtig war. Dabei quälte ihn teuflisch der Gedanke, doch irgendetwas vergessen zu haben. Einige Schritte vor dem eisernen Gefängnistor waren sie stehen geblieben. Er nahm die kleine Steffi aus dem Kinderwagen auf den Arm und drückte Beate und Mirjam noch einmal fest an sich. Aber dann musste er sich losreißen, denn das Tor öffnete sich und ein grün uniformierter Vollzugsbeamter erschien.

Mane schließt die Augen und sieht die Gesichter seiner Frau und seiner Kinder vor sich. Der traurige, aber tapfere letzte Blick von Beate, das Lachen und letztendlich das Weinen von Mirjam, als er ging. Und dann die großen blauen Augen der winzigen Steffi, die ihn anstrahlten, als er sie noch einmal im Arm hielt.

Die Sehnsucht nach seiner Familie und das Gefühl der Verlorenheit würgt Mane so sehr, dass ihm die Brust fast zerspringt und die Tränen auf den Blechteller tropfen. Sein Herz schmerzt, als habe man es in Stücke zerrissen.

Langsam, wie in Trance, legt er die Sachen auf den Tisch und setzt sich auf den Hocker. Unverwandt ist sein Blick auf die Zellentür mit dem Guckloch gerichtet. Ist das alles nur ein böser Traum? Wird er neunzig Tage Einzelhaft überhaupt aushalten? Wird ihn die Ungewissheit, wie es seiner Familie draußen geht, nicht buchstäblich verrückt machen? Und was soll aus seiner jungen Familie werden, wenn er hier nicht wieder rauskommt, wenn man ihn hier einfach vergisst?

Plötzlich fühlt sich Mane beobachtet und merkt durch ein

leises Schaben an der Zellentür, dass jemand durch das Guckloch schaut. Auf dem Flur hat er keine Schritte gehört und ihm ist klar, dass dies die Art ist, wie Neuankömmlinge überwacht werden. Vielleicht ist ja ein Häftling so deprimiert, dass ihm sein Leben nichts mehr bedeutet und er sich etwas antut. Das müssen die Wärter natürlich unbedingt verhindern und schleichen sich in unregelmäßigen Abständen zur Zellentür.

Aber die Sorge brauchen sie bei ihm nicht haben. Mane ist fest entschlossen, diese bisher größte Katastrophe in seinem Leben zu überstehen, wieder gesund nach Hause zu kommen und seine Familie in die Arme zu schließen. Ihr Leben hat doch erst begonnen! In den letzten schlaflosen Nächten hat er mit Beate viel geredet und Pläne für die Zukunft geschmiedet, um die Angst zu vertreiben und Trost und Mut zu finden.

Jetzt ertönt ein Klingelton. Kurz danach sind laute Stimmen, vielfüßiges Getrappel, das Rasseln von Schlüsselbunden und das Schlagen von Zellentüren zu hören. Es muss 18.00 Uhr sein. Der Abendessen-Tross ist im Zellentrakt unterwegs.

Vier Mitgefangene, sogenannte Flurhelfer, verteilen an die Insassen der Ein- oder Dreimannzellen Brot, Margarine, jeweils zwei Scheiben Käse und Wurst sowie ein warmes Getränk. Vor der Karawane schließt ein Wärter zwei, drei Zellentüren auf und hinter dem Zug folgt ein Wärter, der die Türen wieder zusperrt.

Als bei Mane die Tür auffliegt, steht er schon davor und hält den Teller und den Becher hin. Die Flurhelfer grinsen den Neuankömmling freundlich an und ‚hauen‘ ihm die Sachen auf den Teller.

„Dein erster Tag?“, fragt einer, „wirst dich an den Fraß schon gewöhnen.“

Dann sind sie vorbei, die Tür knallt zu und der Schlüsselbund rasselt. Mane setzt sich an den Tisch, bestreicht und belegt das Brot. Aber essen kann er nichts. Wieder nichts! Seit Tagen hat er so gut wie nichts gegessen. Er hat das Gefühl, die Gefängniskleidung schlabbert nur so an ihm herunter.

So sitzt er lange unbeweglich da. Nur seine Gedanken springen hin und her. Ist Beate mit den Kleinen gut nach Hause gekommen? Hat er für seine Familie wirklich an alles gedacht? Wie geht es ihnen jetzt? Sitzt Beate vielleicht im Kinderzimmer, die beiden an sich gedrückt und weint? Bei diesem Gedanken muss Mane trocken schlucken und warme Tränen laufen über seine Wangen.

Wieder sind Stimmen zu hören, Schlüssel rasseln und Zellentüren gehen auf und zu. Aber alles leiser. Denn nur ein Wärter und ein Flurhelfer machen im Zellentrakt die Runde. Der Wärter ist noch sehr jung, vielleicht drei, vier Jahre älter als Mane. Er ist relativ klein, schlank und hat ein schmales, sehr blasses Gesicht mit großen, lebendigen Augen. Die Uniformmütze scheint viel zu groß für ihn zu sein. Nach dem Aufschließen macht er einen Schritt in die Zelle, schaut sich kurz um und erkundigt sich bei Mane, ob alles in Ordnung ist.

„Was soll in Ordnung sein“, antwortet Mane leise, „wie kann im Gefängnis für einen alles in Ordnung sein, wenn man draußen eine Familie hat?“

„So meine ich das auch nicht“, sagt der Wärter fast entschuldigend, „ich weiß noch nicht, warum du hier bist, aber es wird schon seine Gründe haben. Ich selbst habe auch eine Familie und mag mir gar nicht vorstellen, hier drin zu sitzen. Aber jetzt geht es einfach darum: Bevor ich dich für die Nacht einschließe, muss ich wissen, dass dir selbst nicht irgendwas Gravierendes fehlt.“

Mane schüttelt stumm den Kopf. Der Wärter zeigt sichtlich mitfühlend auf einen Metallstift, der in der Zelle neben der Tür aus der Wand ragt.

„Wenn du mal Hilfe brauchst, dann drückst du diesen Stift in die Wand. Draußen auf dem Flur klappt dann eine Blechfahne aus der Wand als weit sichtbares Zeichen, das du ein Problem hast. Dann komme ich oder einer meiner Kollegen aus der Zentrale und fragen nach. Wir nennen das hier ‚Fahne schmeißen‘. Aber denk daran, mach das nur, wenn wirklich was los ist.“

Nun ist der Flurhelfer dran. Ein großer, kräftiger Bursche, so um die dreißig. Sein Gesicht strahlt Ruhe und Zufriedenheit aus, so, als fühlte er sich hier im Gefängnis zu Hause. Er hat mehrere Rollen Toilettenpapier unterm Arm. Von einer Rolle reißt er genau fünf Blatt ab und reicht sie Mane. Mehr gibt es pro Tag nicht. Fünf Blatt raues, hartes Papier! Beim Weggehen grinst der Flurhelfer und singt leise: „Glaube mir, glaube mir, Schmirgel ist doch kein Klosettpapier...“

Mane klappt das Bett nach unten, bezieht die harte Matratze mit dem Laken und breitet die Wolldecke aus. Erst jetzt betrachtet er in Ruhe seine Gefängniskleidung. Knöchelhohe, schwarze Lederstiefel, grobe Wollsocken, lange Unterhose, langarmiges Unterhemd, darüber die dunkelblaue Hose und die dunkelblaue Jacke mit Stehkragen. Die Hosenbeine bzw. Ärmel sind beidseitig mit roten Biesen (eingearbeitete Streifen) versehen. Dazu ein blau-weiß kariertes Halstuch. Das also waren die berühmt berüchtigten ‚sieben Sachen‘ der

Knastologen.

Sorgfältig legt Mane Hose und Jacke zusammen und kriecht im Unterzeug unter die Wolldecke. Die Zeit scheint still zu stehen. Er liegt völlig regungslos da, hört deutlich seinen Herzschlag und fühlt, wie sein Blut in den Adern pulsiert. Er hält die Augen geschlossen, als könnte er damit seine Umgebung verdrängen.

Plötzlich geht in der Zelle das Licht aus; es muss jetzt wohl 22.00 Uhr sein. Obwohl er schon lange auf die Toilette musste, steht er erst jetzt im Dunkeln auf und geht hin. Es kostet ihn Überwindung, sich auf den schmalen, kalten Beckenrand zu setzen. Solange das Licht an war, fühlte er sich beobachtet und war total verkrampft. Mane empfindet es überhaupt sehr entwürdigend, dass ihm jemand bei seinem Toilettengang zusehen könnte! Dieses Gefühl wird er auch im Dunkeln nicht los und schaut deshalb ständig zur Tür.

Dabei muss er an seine erst einige Stunden zurückliegende „Einlieferungsprozedur“ denken. Nachdem sich das Gefängnistor und einige schwere Flurtüren hinter ihm geschlossen hatten, begleitete ihn ein Wärter aus der Torwache in einen großen Raum, in dem sich ein langer Tresen, viele Schränke und noch mehr offene Regale mit Stapeln von Gefängniskleidung, Decken, Handtüchern, Geschirr usw. befanden. Mane musste seine kleine Reisetasche auf den Tresen legen, dazu den Inhalt seiner Jacken- und Hosentaschen und sich dann splitternackt ausziehen. Nun leuchtete der Wärter mit einer Taschenlampe in jede seiner Körperöffnungen, von den Ohren über den Mund bis zum Hintern, um sicherzustellen, dass er auch ja nichts in die Zelle einschmuggelte.

Mane ist sich absolut sicher, dass er diese Demütigung sein Leben lang nicht vergessen wird!

Hinter dem Tresen standen zwei Häftlinge, deren Aufgabe es war, Neuankömmlinge einzukleiden und mit den obligatorischen Utensilien auszustatten. Mit geübtem Blick taxierten sie Mane von oben bis unten und legten die mehr oder weniger passenden Teile der Anstaltskleidung auf den Tresen. Mane zog sich schnell an, unterschrieb eine Aufstellung der ihm abgenommenen persönlichen Sachen, nahm die Utensilien auf den Arm und trottete vor dem Wärter her in Richtung Zelle.

Eigenartigerweise werden nachts im dunklen Zellentrakt, der gebaut ist wie ein Atrium, also eine innen liegende große Halle hat, die Geräusche lauter, eindringlicher und beängstigend. Aus allen Stockwerken ist Gelächter, Schreien, Stöhnen und Laute wie von wilden Tieren zu hören. Ganz entfernt ist das Klingeln eines Telefons in der Zentrale und Stimmen von Wärtern zu hören, die sich irgendetwas zurufen. In Abständen sind leise Schritte auf dem Flur zu vernehmen und ein Schaben an der Zellentür zeugt davon, dass jemand durch das Guckloch schaut.

Nachdem sich seine Augen an das Dunkel gewöhnt haben, kann Mane wieder alles in der Zelle erkennen. Kahle, graue Wände umgeben ihn. Durch das kleine, vergitterte Fenster fällt ein schmaler Streifen helles Mondlicht. Es muss Vollmond sein. Was würde er alles dafür geben, jetzt frei zu sein und mit Beate in der frischen, kühlen Abendluft spazieren zu gehen. Ist das alles nur ein böser Traum? Nein, er beißt die Zähne zusammen, es ist kein Traum!

Plötzlich ertönt aus einer Zelle schrilles Geschrei, unterbrochen von dumpfen Schlägen gegen die Zellentür. Eilige Schritte von Wärtern, Schlüsselrasseln und lautes Stimmengewirr sind zu hören. Mane zieht sich die Decke über den Kopf, warme Tränen laufen über sein Gesicht und in seinem Gehirn brummt es wie in einem Bienenstock.

* * * * *

Die Entscheidung

An Schlaf ist in dieser Nacht, es ist die Nacht von Montag, den 2. Oktober auf Dienstag, den 3. Oktober 1967, nicht zu denken. Mane wälzt sich hin und her. War seine Entscheidung, die ihn hierher geführt hatte, richtig? Wäre es nicht doch besser gewesen, sich anzupassen und nicht gegen den Strom zu schwimmen? Ist ein gutes Gewissen wirklich so viel wert?

Als überzeugter Pazifist, also jemand, der Krieg und Kriegsdienst aus weltanschaulichen Gründen ablehnt, war Mane als Kriegsdienstverweigerer anerkannt worden und hatte nach seiner Meinung folgerichtig auch den zivilen Grundersatzdienst abgelehnt, da in dem § 25 des Wehrpflichtgesetzes sinngemäß stand: „Wer den zivilen Grundersatzdienst leistet, leistet damit seine Wehrpflicht im Sinne des Wehrpflichtgesetzes.“ Und genau das wollte Mane ja nicht. Denn sein Vater, der im Zweiten Weltkrieg unvorstellbare Gräueltaten aufseiten aller Krieg führenden

Parteien erlebte, hatte ihm von klein auf eingeschärft, sich niemals auf irgendeine Weise in die Kriegsmaschinerie einspannen zu lassen.

Auch sein Vater war in seiner Einstellung äußerst konsequent gewesen. Mane erinnert sich noch gut daran, als Anfang der 1950er Jahre ein ehemaliger Kriegskamerad im Flüchtlingslager, in dem die Familie zwei Räume in einer Baracke bewohnte, auftauchte und seinen Vater dringend bat, seine exzellenten technischen Fähigkeiten doch der neu zu bildenden Luftwaffe zur Verfügung zu stellen. Ihm stünde eine bedeutende militärische Karriere bevor. Doch sein Vater wollte mit Militär und Krieg nichts mehr zu tun haben. Mane hört ihn noch heute sagen: „Diese Etappenhengste! Jetzt, wo keine Kugeln mehr pfeifen und blutjunge verwundete Männer nach der Mutter rufen, sind sie wieder da und spielen die Helden."

Und nun hatte man Mane, gerade zweiundzwanzigeinhalb Jahre alt und für eine blutjunge Familie verantwortlich, wegen Verweigerung des Grundersatzdienstes für drei Monate ins Gefängnis geschickt. Was war das für ein Staat, der nur zwei Jahrzehnte nach dem Krieg so mit seinen jungen Bürgern umging?

Der ältere Richter, der sicher schon Richter in der Hitlerzeit gewesen war, hatte seine demagogische Urteilsbegründung mit den Worten beendet: „Ihre Ansicht, ihrer Gewissensentscheidung folgen zu können, ist irrig. Ungehorsam gegen das Gesetz muss bestraft werden. Und eine Bewährung dürfen nur solche Angeklagten erhalten, von denen der Gesetzgeber in Zukunft erwarten kann, dass sie dem Gesetz Folge leisten."

Mane schüttelt immer wieder den Kopf. Lernen die da oben, die Politiker, die Richter und die sonst Mächtigen im Lande, eigentlich nie etwas dazu? Einen Weltkrieg mit 55 Millionen Toten anzetteln und verlieren, Europa verwüsten und mehr als eine Generation um ihr Leben betrügen – ja, darin sind sie wirklich gut! Und an Rechtfertigungen für Kriege oder wie heute für Hochrüstung mangelt es diesen Leuten nie.

Das Schlimmste aber ist nach seiner Auffassung, dass der Staat bestimmen will, wann seine Bürger ihr Gewissen einzuschalten und wann sie es auszuschalten haben. Wenn es zum Beispiel um die Steuerehrlichkeit geht, bitte einschalten. Wenn das Gewissen in Zusammenhang mit dem Kriegsdienst schlägt, ist es sofort auszuschalten. Andernfalls droht Beugehaft! Und genau so empfindet Mane seine Gefängnisstrafe.

Er weiß aber natürlich auch, dass eine Menge Leute anders denken und Gewalt und damit letztlich auch Krieg, für ein legitimes Mittel der Politik betrachten. Mane erinnert sich noch sehr genau daran, wie begeistert sein junger Klassenlehrer war, als Deutschland 1955 der NATO beitrat und ein Jahr später die allgemeine Wehrpflicht wieder eingeführt wurde. Und als er 1961 aus der Schule kam, wollten viele seiner Schulkameraden am liebsten gleich zur Bundeswehr gehen und Starfighter-Pilot werden. Genauso wurden schon immer Generationen junger Männer verführt!

In dieser Nacht scheint die Zeit stillzustehen. Mane fröstelt unter der dünnen Decke. „Mein Gott“, sagt er zu sich selbst, „es ist die erste Nacht! Du wirst noch viele dunkle Nächte durchleiden müssen. Bleib ruhig!“

Er zieht die Beine an, umfasst die Knie und macht sich ganz klein. So wird ihm etwas wärmer und er dämmert vor sich hin. Wie ein Film beginnt sein Leben an ihm vorbeizuziehen.

* * * * *

Der Lebensfilm

Mane war als eineiiger Zwilling im Mai 1945, zwei Tage nach der deutschen Kapitulation, auf der Flucht vor den russischen Truppen geboren worden und die Zwillinge hatten das furchtbare Elend nur knapp überlebt. Danach war er mit seinem Zwillingsbruder Michael und zwei älteren Geschwistern zehn Jahre in einem Barackenlager aufgewachsen und hatte am eigenen Leib und am Beispiel seiner Eltern erlebt, was Kriege aus Menschen machen können. Die Mutter war durch die Schrecken der Flucht gezeichnet und der Vater durch die erlebten Gräueltaten des Krieges schwer traumatisiert. Beide hatten schwere seelische Schäden davongetragen und es fehlte ihnen an Initiative und Mut, Veränderungen herbeizuführen. Erst ein staatliches sogenanntes ‚Barackenräumprogramm' im Jahre 1955 brachte für die Familie ein menschenwürdiges Dasein.

Manes Kindheit und Jugendzeit waren schwer und entbehrungsreich. Als Flüchtlingskinder waren besonders die Zwillinge vielen Hänseleien und auch Anfeindungen vonseiten der einheimischen Kinder ausgesetzt gewesen. Mane denkt an die Schulwege, auf denen ihnen ältere

Einheimische auflauerten, sie verprügelten und Spottlieder sangen, zum Beispiel: „Am 30. Mai ziehen die Flüchtlinge weg, wir tragen ihr Gepäck, wir tragen ihr Gepäck.“ Um den jahrelangen Quälereien zu entgehen, wurden er und sein Zwillingsbruder hervorragende Läufer. Wie geölte Blitze sausten sie täglich den Schulweg entlang und waren bald im ganzen Stadtteil bekannt. Oft hatten Anwohner Mitleid mit den ausgemergelten Windhunden und beschenkten sie mit Kleidung und Lebensmitteln, welche die Flüchtlingsfamilie gut gebrauchen konnte. Mane sieht noch die ältere einheimische Frau vor sich, die sich rührend um die Zwillinge kümmerte, weil sie selbst in den letzten Kriegsmonaten ihre erst 16- und 17-jährigen Söhne an der Front verloren hatte.

Als die Zwillinge älter wurden, setzten sie sich als allseits gefürchtetes ‚Tandem‘ in der Schule durch. Schnell war den einheimischen Mitschülern klar: Schlägt man einen Zwilling, hat man automatisch beide geschlagen. Und wenn der Schläger dann einmal allein die Zwillinge traf, bekam er eine gehörige Abreibung.

Das Alltagsleben der Familie war geprägt von Bescheidenheit und so wenig abwechslungsreich. Ein absolutes ‚Highlight‘ in Manes Leben war es daher, als er im Alter von neun Jahren vom Fürsorgeamt wegen Unterernährung zur Erholung nach Braunlage in den Harz geschickt wurde. Noch heute hat er den Duft der Tannennadeln in der Nase.

Mane weiß, dass zehn Jahre Lagerleben und die erlittenen Diskriminierungen als Flüchtlinge bei ihm Spuren hinterlassen haben. Dazu das ständige Auffallen und ‚Beglotztwerden‘ als eineiige Zwillinge. So kam er mit seinem Bruder überein, sich unterschiedlich anzuziehen und wo immer es ging, nicht mehr nebeneinanderzustehen oder zu gehen. Mane wurde regelrecht menschenscheu.

Das ständige verwechselt werden hatte in Mane die starke Sehnsucht geweckt, von anderen als eigenständige, unabhängige Persönlichkeit wahrgenommen zu werden. Deshalb ging er früh von Zuhause fort und war jetzt als junger Familienvater dabei, sich eine eigene Existenz aufzubauen. Er wohnt mit seiner Familie in einer kleinen Altbauwohnung und das Einkommen als Angestellter bei einer Krankenkasse reicht für das Nötigste. Das Glück der Familie sind die beiden kleinen Mädchen.

Gespannt, fast atemlos horcht Mane in das Dunkel. Waren da nicht Schritte auf dem Flur zu hören? Als er leises Schaben an der Zellentür vernimmt, weiß er, dass wieder ein Wärter durch das Guckloch sieht, und zieht die Decke noch weiter über den Kopf. Während er so still da liegt, zieht wieder ein Lebensabschnitt vor seinen Augen vorbei.

Als er Beate kennenlernte, war sie gerade vierzehn Jahre alt und er siebzehn Jahre. Es traf ihn wie ein Blitz aus heiterem Himmel. Die nächsten zwei, drei Jahre vergingen wie im Flug. Mane schrieb Beate unzählige Briefe und da seine Eltern natürlich noch kein Telefon hatten, Beates Eltern aber schon, übte jede gelbe Telefonzelle große Anziehungskraft auf ihn aus. Sie trafen sich immer öfter, unternahmen gemeinsame Ausflüge und so kam, was bei nicht aufgeklärten jungen Leuten damals kommen musste: Beate wurde schwanger. Mane, der erst zwanzig war, stellte den Antrag, für volljährig erklärt zu werden, um heiraten zu können.

Am 22. Oktober 1965 erklärte das Amtsgericht ihn für volljährig und am 10. November heirateten sie.

Die vergangenen zwei Jahre waren nicht leicht gewesen. Sie hatten mit vielen Vorurteilen zu kämpfen und erhielten von ihren Familien wenig Beistand. Aber Mane und Beate waren fest entschlossen, es ihrer Umwelt zu zeigen! Sie hatten wenig Geld, aber sie klagten oder stöhnten nicht. Sie waren mit dem zufrieden, was da war und erfreuten sich jeden Tag an der bezaubernden kleinen Mirjam, die sie mit großen Augen anstrahlte.

Der Himmel verdunkelte sich erst, als Beate wieder schwanger war und Mane klar wurde, dass ihn seine konsequente Ablehnung des Wehrdienstes und des für ihn gleichbedeutenden Grundersatzdienstes ins Gefängnis bringen würde. Sie sparten, wo sie nur konnten, denn von irgendetwas musste Beate mit den Kindern ja leben, wenn er für einige Monate nicht da war. Etwas über tausend Mark hatten sie zusammengekratzt und die mussten nun drei Monate lang für Miete, Lebensmittel und alles andere reichen.

Mane wälzt sich auf der Pritsche hin und her. Die harte Matratze und die dünne Decke erinnern ihn an das Eisenbett in der Baracke, das er als Kind mit seinem Zwillingsbruder teilte. Sie lagen dabei einander gegenüber, sodass jeder sein eigenes Kopfende hatte. Aber sie hatten nur eine Zudecke. In kalten Winternächten setzte er sich immer wieder auf und schob Michael die Decke bis zum Kinn, was zur Folge hatte, dass sie ihm selbst nur noch bis zum Bauch reichte. Aber Michael sollte nicht frieren. Die Winternächte Ende der Vierziger und Anfang der fünfziger Jahre waren so kalt und die Dämmung der Baracken so schlecht, dass morgens die

Zudecke oft auf der Oberseite gefroren war.

Mane war schon von Kindesbeinen an immer sehr um seinen Zwillingsbruder Michael besorgt. Oft hatte er ihn aus kritischen Situationen befreit, denn er war ein Draufgängertyp und manchmal leichtsinnig. Mane war stets zurückhaltender und vorsichtiger aufgetreten. Und so ist er eigentlich froh, dass, wenn es denn nun schon sein musste, es ihn getroffen hatte und er jetzt im Gefängnis saß. Eigenartigerweise wurde sein Zwillingsbruder nie gemustert und erhielt auch nie einen Einberufungsbescheid zur Bundeswehr. Irgendwie ist er durch alle Maschen gefallen. Vielleicht hatte ja ein Beamter aus beiden Wehrerfassungsunterlagen versehentlich eine gemacht. Gleiches Geburtsdatum, damals noch gleiche Anschrift und gleiches Passbild!

Sorgenvolle Gedanken schwirren durch seinen Kopf. Wird seine junge Frau seine Abwesenheit verkraften und wird sie die Arbeit mit den beiden Kleinen allein bewältigen? Steffi ist erst ganze zwei Wochen alt! Und wird das wenige Geld, das sie in den letzten Monaten sparen konnten, wirklich reichen?

In Manes Traurigkeit und Niedergeschlagenheit mischt sich auch ohnmächtiger Zorn. Obwohl ihm nicht warm ist, muss er die über den Kopf gezogene Wolldecke doch zurückschlagen, um mehrmals tief Luft zu holen. Was ist das eigentlich für ein Staat, der einen jungen unbescholtenen Familienvater neunzig Tage in Einzelhaft steckt, nur weil der seinem Gewissen folgt!

Deshalb kann er die APO, die außerparlamentarische Opposition, die sich in Deutschland, besonders in Berlin gerade Gehör verschafft, gut verstehen. Rudi Dutschke und die anderen Wortführer haben recht, wenn sie gegen das noch immer von braunen Elementen durchsetzte sogenannte

Establishment zu Felde ziehen. Besonders seit der Kubakrise 1962, als die UDSSR versuchte, auf der Insel Raketen zu stationieren, ist die Welt irgendwie aus den Fugen geraten. Jetzt ist es ist schon wieder so weit, dass unbelehrbare Politiker und Richter, die schon unter den Nazis im Amt waren, das Gewissen einer jungen Generation unter dem Vorwand der Vaterlandsverteidigung vor dem aggressiven Kommunismus vergewaltigen!

Vor genau vier Monaten, am 2. Juni 1967, wurde in Berlin der Student Benno Ohnesorg anlässlich einer Demonstration gegen den Schah-Besuch von einem Polizisten erschossen. Die APO schreibt diese Tat dem gewaltbereiten Staat zu und ruft zu Demonstrationen und Sitzblockaden auf, an denen tausende Menschen, und nicht nur Studenten, teilnehmen. Es geht dabei aber auch gegen die Notstandsgesetze, gegen die Große Koalition unter Kiesinger und gegen den Vietnamkrieg.

Mane hatte mit Sorgen den Umschwung in der amerikanischen Politik verfolgt, nachdem Präsident Kennedy 1963 ermordet worden war. Denn während Kennedy sich vehement für die Entspannung zwischen Ost und West eingesetzt hatte, fachte sein Nachfolger Johnson den Vietnamkrieg erst richtig an und ließ ab 1965 das kommunistische Nordvietnam ohne jede Kriegserklärung großflächig bombardieren.

Obwohl die Demonstrationen moralisch durchaus vertretbar sind, antwortet das Establishment in der Bundesrepublik ausschließlich mit Ablehnung und Hass. Die Auseinandersetzungen dauern deshalb unvermindert an. Besonders heiß geht es in Berlin zu, wo viele Studenten, aber auch junge Männer aus dem gesamten Bundesgebiet, die dorthin gegangen sind, um der Wehrpflicht zu entgehen, dem Staat die Stirn bieten.

Mane hatte auch einige Male erwogen, nach Berlin zu gehen, um dort aufgrund des Viermächtestatus der geteilten Stadt seiner Einberufung und der Strafverfolgung zu entgehen. Aber er hatte diese Gedanken wieder verworfen, denn er hatte hier seine Arbeit und seine Familie. Und wer weiß, wie lange er mit diesem Damoklesschwert über seinem Kopf hätte leben müssen.

Und drei Tage später, am 5. Juni, brach der 6-Tage-Krieg zwischen Ägypten und Israel aus, der 22.000 Soldaten das Leben kostete und weitere 50.000 Soldaten verwundete. Deutsche Medien, vor allem rechtsgerichtete Zeitungen, waren von der effizienten Kriegsführung der Israelis begeistert und nannten sie die ‚Preußen des Nahen Ostens'. Wie schnell sich Menschen wieder für Krieg begeistern können, ist einfach nur erschreckend.

Alles zusammen genommen also keine gute Zeit für Pazifisten. Es bedeutet heutzutage Mut, sich nicht anzupassen. Das Mane jetzt hier auf der Zellenpritsche liegt betrachtet er als seinen Anteil an der Protestbewegung gegen die zunehmende Gewaltbereitschaft der Staaten.

Ansonsten will Mane aber seinem Staat, der Bundesrepublik Deutschland, nichts schuldig bleiben. Er nimmt sich vor, immer seine Steuern zu zahlen, Gesetze und Verordnungen einzuhalten, sich im Dienst niemals korrumpieren zu lassen oder irgendwelche Anlässe für ernste Konflikte mit Behörden zu geben.

„Hör auf zu grübeln“, sagt Mane leise zu sich selbst, „versuch jetzt etwas zu schlafen, denn du weißt nicht, was morgen auf dich zukommt.“

Aber es geht nicht. Seine Gedanken fliegen umher wie in einem Kettenkarussell und seine Gefühle fahren Achterbahn. Dazu kommen die ungewohnten, unheimlichen Geräusche im Zellentrakt.

*****

Einzelhaft

Die Stunden vergehen wie in Zeitlupe. Die Geräusche im Zellentrakt nehmen langsam wieder zu. Stimmen, Schreie, Klappern, Rasseln, aber auch hin und wieder Pfeifen und Singen sind zu hören. Plötzlich geht das Licht an und die Klingel schrillt.

Es muss jetzt 06.00 Uhr sein. Mane steht auf, putzt sich die Zähne, wäscht Gesicht und Hände und zieht sich ordnungsgemäß an, das heißt, er bindet sich auch das karierte Halstuch um. Danach zieht er Laken und Decke zurecht, klappt die Pritsche nach oben und setzt sich auf den Hocker. Nach vielleicht zwanzig Minuten ist ständiges Schlüsselrasseln, Türenschlagen und vielfüßiges Getrappel zu hören: Der Essen-Tross ist wieder unterwegs. Als sich Manes Tür öffnet, grinst ihn der Flurhelfer von gestern Abend freundlich an: „Na, gut geschlafen Kumpel? Sieht nicht so aus, aber das kommt schon. Ist uns fast allen so gegangen.“

Er nickt Mane aufmunternd zu und die Crew verteilt Schwarzbrot, Mischbrot, Marmelade und Streichkäse. Dazu gibt es heißen ‚Muckefuck'-Kaffee. Mane setzt sich an den Tisch, so, dass er die Tür im Blick hat, und zwingt sich, zwei Scheiben Brot zu essen. Der Muckefuck schmeckt scheußlich.

Nach ca. 30 Minuten schrillt noch einmal die Klingel und Mane hört, dass viele Zellentüren aufgeschlossen werden und Häftlinge aus dem dreigeschossigen Gefängnistrakt über Fluren und Eisentreppen in die riesige Gefängnishalle gehen. Auch an seiner Zellentür marschiert eine Gruppe Gefangener, sich laut unterhaltend und scherzend, vorbei.

„Die scheinen sich hier richtig wohlzufühlen", sagt Mane halblaut zu sich selbst, „so könnte mir das nie gehen."

Jetzt sind Kommandos zu hören und man kann der Geräuschkulisse entnehmen, dass die Gefangenen in Gruppen die Halle verlassen. Mane weiß, dass sie zu ihren Arbeitseinsätzen in den Werkstätten gehen.

Nur seine Tür öffnet sich nicht und so fängt er an, in der engen Zelle im Kreis zu gehen, Stunde um Stunde. Dabei hält er immer wieder inne und horcht angestrengt auf die Flurgeräusche. Aber niemand kümmert sich um ihn. Und so beginnt er, die Zeichnungen und Stricheinheiten an den Wänden zu studieren.

An der Wand über der hochgeklappten Pritsche hat ein Vorgänger Vierecke in den Putz gekratzt. Es sieht aus wie ein kleines Schachbrett. Und in der senkrechten Feldreihe und in der waagerechten Reihe, die sich in der Mitte kreuzen, sind Buchstaben zu erkennen. Mane liest von oben nach unten: BU, HM, KR, im Zentrum HH, dann GP, MF, LB und von links nach rechts: OA, PP, WM, in der Mitte wieder HH, weiter JK, PR und NM. Er überlegt, ob die Buchstabenreihen einen Sinn ergeben. Es könnten Anfangsbuchstaben von Namen sein. Hat hier ein Häftling vielleicht einen Plan gemacht, in welcher Reihenfolge er nach seiner Freilassung mit Komplizen oder Verrätern abrechnen will? Vielleicht ist es ja auch nur ein einfaches Sternzeichen-System. Er kann es nicht deuten.

Neben dem kleinen Hängeschrank hat ein Leidensgenosse offensichtlich die Zeit gezählt und dazu Striche in die Wand geritzt. Vier Striche senkrecht, ein Strich waagerecht quer durch sind fünf und von diesen Einheiten sieben hintereinander macht 35, dazu noch zwei einzelne Striche. Mane weiß, Jahre können es nicht sein, aber vielleicht 37 Wochen oder auch 37 Monate. Das wären über drei Jahre Einzelhaft! Mane mag sich das gar nicht vorstellen. Aber genau in dieser Zelle haben vor ihm Inhaftierte viele Tage, Wochen, Monate und sicher auch Jahre auf ihre Freiheit gewartet.

Und er ist erst zwei Tage hier! Stunden vergehen und nur der mittägliche Essentross teilt den Tag in zwei Teile. Er versucht, über die Veränderung des einfallenden Tageslichts die ungefähre Uhrzeit zu ermitteln. Dabei entdeckt er, dass an der Decke über dem vergitterten Fenster eine Sonne mit Strahlen eingekratzt ist. Mane begreift, was einen einsamen Zellen-Vorgänger dazu bewegt hat: Die Sonne sehen zu können, bedeutet Freiheit. Ein Schauer läuft ihm über den Rücken!

Mit niemandem sprechen zu können und die bedrückende Ungewissheit, was mit ihm überhaupt geschehen wird, empfindet Mane als psychische Gewalt. Sicher, es ist ihm nie leicht gefallen, schnell mit Fremden Kontakt zu finden und mit ihnen ‚herum zu reesen', als würde man sich zwanzig Jahre kennen. Aber er spürt jetzt schmerzhaft, das Gespräche mit anderen zu den elementarsten Bedürfnissen eines Menschen gehören. Er hat oft von Isolationshaft gehört, die wie eine Foltermethode angewandt wird. Jetzt weiß er, was damit gemeint ist. Wie muss es denn da Menschen ergangen sein, die jahrelang in Einzelhaft verbrachten?

Tagelang läuft Mane von morgens bis abends im Kreis, nur unterbrochen vom Durchzug des Essen-Trosses und der abendlichen Kontrolle mit Zuteilung von fünf Blatt Toilettenpapier. Er wechselt täglich nur wenige Worte mit den Flurhelfern und Wärtern. Und essen kann er so gut wie gar nichts.

Er traut sich nicht, tagsüber das Bett herunterzuklappen und sich hinzulegen. Nur gelegentlich setzt er sich auf den Hocker, aber schon nach kurzer Zeit erfasst ihn erneut Unruhe und er beginnt wieder seinen ‚Rundkurs'.

Wenn auf dem Flur Stimmen und Schritte zu hören sind, hält er stets inne und lauscht gespannt. Kommt ein Wärter zu ihm, öffnet sich seine Tür? Und jedes Mal, wenn sich die Geräusche wieder entfernen, sackt er innerlich zusammen.

Die Nächte werden zur Tortur, denn er schläft nur stundenweise. Er wird immer verzweifelter. Irgendjemand muss sich doch auch um ihn kümmern! Oder wissen die in der Gefängnisverwaltung gar nicht, dass er hier ist und seit Tagen im Kreis läuft? Mane beschleicht die furchtbare Angst, dass er vergessen wird und sich die Zellentür nie mehr öffnen könnte! Und so beschließt er, am nächsten Tag ‚Fahne zu schmeißen'.

Mit einem lauten, metallischen Schlag fällt die Fahne auf dem Flur neben der Zellentür heraus. Es dauert etwa zehn Minuten, bis sich endlich Schritte nähern. Mane hört, dass die Blechfahne wieder hochgeklappt wird. Der Schlüsselbund rasselt und die Tür geht auf. Es ist der junge schlanke Wärter mit dem schmalen, blassen Gesicht und der zu großen Uniformmütze. Eigentlich sieht er noch wie ein großer Junge aus.

„Was gibt es?“, fragt er und schaut Mane forschend an. Mane hatte sich alles, was er sagen und fragen wollte, in den unendlich vielen Stunden der Einsamkeit zurechtgelegt. Doch jetzt schnürt es ihm die Kehle zu.

„Wann darf ich an meine Frau schreiben?“, bringt er schließlich mühsam heraus.

Dem Wärter wird schlagartig Manes elende Verfassung klar. Er erinnert sich an das kurze Gespräch vor ein paar Tagen beim abendlichen Zelleneinschluss. Irgendwie berührt ihn dieser noch jungenhafte Häftling, der doch schon zweifacher Familienvater ist. Er betritt die Zelle und erklärt in ruhigen, freundlichen Worten, wie es in den nächsten Tagen weitergeht.

Also, alle zwei Wochen darf Mane nach Hause schreiben. Das Briefpapier erhält er vom wachhabenden Vollzugsbeamten. Morgen bekommt er zunächst ein vierseitiges Formular, das praktisch einer Selbstauskunft ähnelt. Aufgrund seiner Angaben entscheidet dann die Verwaltung, wo er während seiner Haftzeit arbeiten wird. Am Sonnabendvormittag wird in Gruppen geduscht und Unterwäsche, Strümpfe und Halstuch sowie das Handtuch gewechselt, alle vier Wochen das Oberzeug und das

Bettlaken. Und ebenfalls morgen wird der Gefängnisgeistliche ihn besuchen.

„Du kriegst das schon hin", ermuntert der Wärter Mane, „wenn du erst einmal weißt, wie hier alles läuft, geht es dir besser. Und drei Monate sind keine Ewigkeit, auch wenn dir das heute so vorkommt. Glaub mir."

Mane ist froh, dass nach vier Tagen wieder jemand mit ihm gesprochen hat. Der Gedanke, dass er vielleicht schon in ein paar Tagen mindestens zeitweise der erdrückenden Einzelhaft entgehen kann, nimmt ihm ein wenig die aufgestaute Spannung, sodass Tränen über sein Gesicht laufen. Er setzt sich auf den Hocker und beginnt darüber nachzudenken, was er dem Geistlichen morgen sagen wird. Der soll nämlich noch lange an das Gespräch zurückdenken!

Aber bis dahin sind es noch viele Stunden und wieder steht ihm eine dunkle, unheimliche Nacht bevor. Grübelnd liegt er da und legt sich genau zurecht, wie er das Gespräch führen wird. Letztendlich kommt er zu dem Ergebnis, dass der Geistliche genau wie er gegen Gewalt, Kriege und Töten sein müsste. Aber warum gibt es in Deutschland dann schon wieder Militärgeistliche? Eigentlich müssten die doch junge Menschen davon abhalten, auf andere zu schießen. Irgendwie schwer zu verstehen.

Mane ist gespannt, was der Geistliche, der ja sicher seine Akte angesehen hat und deshalb weiß, dass er Kriegsdienstverweigerer ist, zu ihm sagen wird. Falls der Geistliche meinen sollte, dass er diese Gefängnisstrafe verdient hat, will er ihm einige unangenehme Fragen stellen. Zum Beispiel diese: Während des Zweiten Weltkrieges haben Geistliche aller Konfessionen auf beiden Seiten die Waffen gesegnet und für den Sieg gebetet. Auf welche Seite hätte Gott sich denn nun schlagen sollen? Diese Frage hat Mane schon immer bewegt.

* * * * *

Der Geistliche

An diesem Morgen ist Mane noch unruhiger als sonst und er fühlt eine starke innere Spannung. Als sich nach dem Frühstücks-Tross die Zellentür wieder geschlossen hat, setzt er sich so auf den Hocker, dass er die Tür im Auge hat. Seine Gedanken kreisen um das anstehende Gespräch mit dem Geistlichen. Was mag das für ein Mensch sein und welchen Auftrag hat er, wenn er die Gefangenen besucht?

Es muss gegen zehn Uhr sein, als der Geistliche die Zelle betritt. Er kommt allein, ohne Begleitung eines Wärters und hat offensichtlich einen eigenen Schlüssel für die Zellen.

Der Geistliche ist wohl kurz vor der Pensionsgrenze, denn er hat schütteres, weißes Haar und viele Gesichtsfalten. Er trägt eine lange schwarze Jacke und darunter ein Hemd mit einem weißen Stehkragen. Der Geistliche sieht Mane mit gutmütigen Augen an.

„Klapp dein Bett herunter und setze dich darauf“, sagt er, „ich werde hier auf dem Hocker Platz nehmen.“ Er schaut sich in der Zelle kurz um und beginnt dann das Gespräch.

„Ich weiß, weshalb du hier bist. Glaub mir, obwohl ich es dir nicht wünsche, wäre mir wohler, wenn du wegen irgendeiner Straftat verurteilt worden wärst. Du gehörst nicht ins Gefängnis, aber es ist, wie es ist, und wir beide können jetzt nichts daran ändern. Seit der Kubakrise kann aus dem Kalten Krieg jederzeit ein heißer Krieg werden und wie du selbst weißt, befinden sich die Staaten des Ost- und Westblocks in einem regelrechten Rüstungswettlauf. Die Berichte in Zeitungen und im Fernsehen tragen auch nicht gerade zur Beruhigung bei, ganz im Gegenteil, sie schüren bei den Menschen Kriegsängste. Pazifisten hüben wie drüben werden nicht respektiert, sondern wegen ihrer Haltung geächtet. Es ist leider wieder Mal nicht die Zeit für Gewissensentscheidungen."

Der Geistliche hält inne und blickt bekümmert auf den noch jungenhaften Mane. Der hat mit so viel Einsicht und Mitgefühl gar nicht gerechnet und kämpft mit den Tränen. Er braucht ein, zwei Minuten um sich zu fangen, denn vieles, was er sich zurechtgelegt hatte, ist angesichts der freundlichen und väterlichen Erscheinung des Geistlichen bedeutungslos geworden.

„Sie werden verstehen, dass ich unbeschreibliche Sehnsucht nach meiner Familie habe", sagt Mane endlich mit zitternder Stimme, „und dass mir jeder Tag hier wie ein Jahr vorkommt."

Der Geistliche nickt: „Ja, ich habe in deinen Unterlagen gelesen, dass ihr eine sehr junge Familie seid und deine zweite Tochter gerade drei Wochen alt ist. Das ist wirklich hart."

„Vor gar nicht langer Zeit", sagt Mane, „nämlich bei der Entnazifizierung, wurden die Deutschen gefragt, wo denn in der Zeit des verbrecherischen Dritten Reiches mit seiner

Judenverfolgung ihr Gewissen gewesen war. Da half es auch nichts, dass die Gefragten einwandten, dass das doch alles Gesetze des Staates waren, denen man gehorchen musste. Und jetzt sagt ein Richter, der die Hitlerzeit miterlebt hat, dass mein Gewissen nicht wichtig sei und es nur auf den Gehorsam gegenüber dem Gesetz ankomme. Wie kann es sein, dass ein Richter heute so etwas wieder in ein Urteil hineinschreiben darf?"

Mane sitzt zusammengesunken auf der Pritschenkante. Der Gefängnisgeistliche streicht sich nachdenklich über das Haar. „Ja, du hast recht. Wenn Menschen sich nach ihrem Gewissen entschieden haben, Pazifisten zu sein, also Krieg und auch jeden Kriegsdienst ablehnen, dann sollte die menschliche Gesellschaft dies insbesondere nach den beiden Weltkriegen respektieren. Wir Pfarrer können das in unseren Predigten zwar immer wieder anmahnen, aber erzwingen können wir diese Einsicht bei den Politikern und Richtern nicht."

Der Geistliche holt tief Luft und fährt leise fort: „Ich war im Zweiten Weltkrieg Militärpfarrer an der Ostfront. Mit kurzen Unterbrechungen habe ich seit Juni 1941 fast vier Jahre die Soldaten während des Russland-Feldzuges begleitet. Bis zum bitteren Ende. Was ich an Tod und Leid erlebt habe, ist unbeschreiblich. Da habe ich meine weißen Haare bekommen. Krieg ist einfach unmenschlich."

„Ich freue mich, dass wenigstens Sie das auch so sehen", sagt Mane mit gesenktem Kopf, „es tut mir richtig gut, zu wissen, dass ich mit meiner Gewissensentscheidung nicht ganz allein dastehe. Natürlich weiß ich auch, dass Sie nicht viel für mich machen können, aber ich danke Ihnen für ihre offenen Worte."

Dem Geistlichen ist die Situation sichtlich unangenehm. Er spricht Mane noch einige Minuten lang Mut zu, während dieser still in sich gekehrt zuhört. „Ich lerne hier viele Männer kennen, die eine schwere Schuld auf sich geladen haben. Einige sind mir gegenüber aggressiv und lehnen eine Unterhaltung ab. Andere berichten mir von ihrem zerstörten Leben, dass sie ihre Familien, ihre Eltern und Geschwister verloren haben. Ich versuche, diesen Menschen Mut zu machen, sich nicht aufzugeben. Bei dir sieht doch alles ganz anders aus. Dich drückt kein schlechtes Gewissen und mit jedem Tag, der vergeht, kommst du deiner Familie näher. Die drei Monate vergehen schneller als du denkst.“

Der Geistliche legt für einige Sekunden seine Hand auf Manes Schulter und verlässt die Zelle.

Als die Eisentür zuschlägt und die Schlüssel rasseln, fällt Mane trotzdem in ein tiefes, schwarzes Loch. Er klappt das Bett wieder an die Wand, setzt sich auf den Hocker, verschränkt die Arme auf den Tisch und legt den Kopf darauf.

Nach einer Weile rasselt wieder ein Schlüsselbund an seiner Zellentür. Mane springt auf und zieht seine Jacke zurecht. Ein Wärter, er muss wohl aus der Zentrale kommen, legt ein zweiseitiges Formular und einen Bleistift auf den Tisch. „Fülle das bis morgen aus, damit wir wissen, was wir mit dir anfangen können. Wenn du eine Frage hast, wende dich mittags an meinen Kollegen. Aber ich glaube, damit hast du keine Probleme.“

Mane beginnt sofort, alle Fragen gewissenhaft zu beantworten. Es sind Fragen zu seiner Person, wo er wohnt, ob er verheiratet ist und Kinder hat, welchen Beruf er erlernt hat und welchen Beruf er tatsächlich ausgeübt hat usw. Nur eine Frage zum Schluss haut ihm richtig in den Magen. Sie lautet: Wie werden Sie Ihr Leben nach der Entlassung gestalten? Mane schreibt: „Ich werde ein glückliches Familienleben führen und meine Kinder heranwachsen sehen."

Das Formular gibt er mittags dem Wärter, der nach dem Essentross die Zellentür wieder abschließt.

*****

Knast - Wochenende

Am nächsten Vormittag, es ist Sonnabend, herrscht im Zellentrakt reger Betrieb. Auf dem Flur hallen Stimmen und Schritte, Türen werden rasselnd auf- und zugeschlossen. Mane hört, dass immer wieder Gruppen von Häftlingen an seiner Tür vorbeigehen und sich dabei angeregt unterhalten. Ach ja, heute ist Duschtag und es gibt frische Unterwäsche, Strümpfe, Halstücher und Handtücher. Immer wieder werden deshalb kleine Gruppen von Gefangenen zum Duschen geführt und vier bis fünf Flurhelfer verteilen inzwischen frische Sachen und sammeln die gebrauchten ein.

Nun wird Manes Zelle und die Zellen links und rechts neben ihm aufgeschlossen.

„Heraustreten zum Duschen!", ruft ein Wärter. Mit einem Stück Seife in der Hand und dem dünnen Handtuch unterm Arm wird Mane mit sieben weiteren Häftlingen in einen Duschraum im Erdgeschoss geführt.

Was dann folgt, kostet ihn viel Überwindung. Alle Männer entkleiden sich splitternackt und stehen ziemlich dicht beieinander unter den Duschen. Nach einer Woche Einzelhaft ist das warme Wasser auf der Haut einfach herrlich und für einige Minuten durchlaufen wohlige Schauer seinen Körper. Mane spürt aber auch, dass alle ihn als Neuankömmling von oben bis unten mustern. Nach allem, was er über Gefängnisse gehört hat, bereitet ihm das großes Unbehagen und er ist diesmal froh, wieder in seiner Einzelzelle zu sein.

Die Zellentür bleibt noch einige Minuten offen, sodass er Zeit hat, die alten Sachen aus- und die frischen Sachen anzuziehen. Gerade in dem Moment, als er die alten Sachen neben der Zellentür auf den Flur wirft, steht auch schon der Wärter zum Zuschließen der Tür bereit.

Den abendlichen Kontrollgang vor dem Nachteinschluss absolviert heute der junge Wärter mit dem schmalen, blassen Gesicht und der großen Uniformmütze. Mane sieht ihm an, dass er etwas Gutes zu berichten hat.

„Das ist bei dir aber schnell gegangen“, sagt er und lächelt, „ab Montag arbeitest du in der Schusterwerkstatt. Du wirst sehen, das ist bestimmt kein schlechter Job. Halte dich also Montagmorgen beim zweiten Klingeln abmarschbereit.“

Mane spürt, dass der junge Wärter es gut mit ihm meint. Und obwohl er bei dem Wort ‚Schusterwerkstatt‘ innerlich zusammenzuckt, bedankt er sich höflich.

Schusterwerkstatt! „Wie kommen die nur darauf, dass ich Schuhe flicken kann ober sonst handwerklich begabt bin?“, grübelt Mane. „In dem Fragebogen habe ich doch angegeben, dass ich gelernter Industriekaufmann bin. Buchführung und Schreibarbeiten sind mein Ding.“ Er weiß natürlich, dass die

Leute in der Gefängnisverwaltung nicht wissen können, dass er vor der Lehre auch noch die zweijährige Handelsschule besucht hat und deshalb gut Schreibmaschine schreiben kann und in Stenografie 150 Silben pro Minute schnell ist. Aber wahrscheinlich wird für Verwaltungsarbeiten sowieso grundsätzlich keiner der Häftlinge herangezogen.

Nachdem das Licht erloschen ist, wälzt er sich auf der Pritsche unruhig hin und her. Je leiser es im Zellentrakt wird, desto klarer heben sich wieder die einzelnen Geräusche und Laute voneinander ab. Entfernt, in einer Dreimannzelle, streiten sich zwei Männer laut herum, weshalb hin und wieder der Ruf „Ruhe" aus anderen Zellen zu hören. Jetzt sind auch die Schritte eines Wärters zu hören, der wohl auf seinem Kontrollgang ist. Irgendeiner pfeift sich im Erdgeschoss leise in den Schlaf und im dritten Stock hustet sich jemand die Lunge aus dem Hals. Mane zieht sich die Decke über die Ohren.

Der Sonntag ist ein grässlicher Tag, auch wenn das Essen etwas besser als an normalen Tagen ist. Morgens gab es Honig, Marmelade und Weißbrot. Mittags soll es sogar ein Stück Fleisch geben.

Aber ansonsten scheint die Zeit stillzustehen. Aus den Zellen um ihn herum sind Stimmen zu hören und aus den Dreimannzellen schallt hin und wieder lautes Gelächter. Alle Gefangenen sind in ihren Zellen.

Mane sitzt regungslos auf seinem Hocker und grübelt vor sich hin. Jetzt schleicht wieder die Angst in ihm hoch, vergessen zu werden. Wie geht es draußen seiner Familie? Hoffentlich sind die Kinder gesund und ist auch sonst alles in Ordnung. Er jedenfalls kann nichts tun und das frisst an seiner

Seele. Also beginnt er, wieder seine Runden in der engen Zelle zu drehen und sie zu zählen. Bei Nummer 105 hört er auf zu zählen.

Plötzlich schrillt im Zellentrakt die Klingel. Türen werden rasselnd aufgeschlossen, vielstimmiges Gemurmel ist zu hören. Jetzt geht auch Manes Tür auf.

„Hofgang!“, schallt es über den Flur. Alle Häftlinge treten vor ihre Zellentüren. Sie bleiben dort stehen, bis die Wärter die Türen wieder verschlossen haben. Dann, auf das Kommando „Abmarsch!“ hin, setzen sich alle in Bewegung.

In Zweierreihe geht es die Eisentreppen hinunter, durch die Halle und auf den Gefängnishof hinaus. Auf einem asphaltierten Weg gehen die Häftlinge, sich teilweise laut unterhaltend, vielleicht fünfzehn Minuten lang im Kreis. „Wahrscheinlich kennen die sich alle schon lange“, sagt Mane zu sich selbst, „aber der, der neben mir geht, ist bestimmt auch neu, denn der sagt wie ich auch kein Wort.“

Jedenfalls ist die kühle Luft im Gesicht herrlich. Der leichte Nieselregen, der seine Haare benetzt, ist wunderschön. Die einzelnen Haare scheinen sich den Tropfen entgegen zu strecken.

Mane betrachtet den riesigen Gefängnisbau aus rotem Backstein mit seinen unzähligen vergitterten Fenstern. Das Gebäude stammt bestimmt noch aus der Kaiserzeit. Nur die hohe Gefängnismauer mit den gläsernen Wachtürmen sieht relativ neu aus.

Nach der Rückkehr in die Zelle schleppen sich die Stunden, nur unterbrochen vom Essentross, wie dicker Seenebel dahin und er beginnt wieder, wie ein Esel, der Korn drischt, im Kreis zu laufen.

Am Nachmittag ist plötzlich neben den typischen Geräuschen aus den Zellen, wie lautes Lachen, Schreien, Poltern und Klopfen auch irgendwoher leise Musik zu hören. Mane ist überrascht, denn er weiß, dass es in den Zellen keine Radiogeräte gibt. Er nimmt an, dass die Musik aus einem Gemeinschaftsraum in dem Quergebäude kommt, in dem sich vielleicht langjährige Häftlinge als Vergünstigung sonntags für ein, zwei Stunden aufhalten dürfen. Sicherlich steht da auch ein Schallplattengerät, denn ständig ist das Lied „San Francisco" von Scott McKenzie zu hören. Er sitzt völlig regungslos auf dem Hocker und ist in einem Tagtraum versunken. Er sieht vor seinen geistigen Augen die sonnenüberflutete Landschaft Kaliforniens und hört die Wellen des blauen Pazifiks auf die hellen Strände rollen.

Mane geht diese Melodie nicht mehr aus dem Kopf! Dafür verspürt er Schmerzen in der linken Niere. „Das hat mir gerade noch gefehlt", sagt Mane zu sich selbst. „Nierensteine! Klar, ich trinke viel zu wenig."

Schon als Neunzehnjähriger hatte er unter Nierensteinen gelitten und war deshalb auch eine Woche im Krankenhaus gewesen. Nachdem dort der Versuch gescheitert war, den Stein auf höchst unangenehme Art mit der Schlinge zu entfernen, musste er jeden Tag viel trinken und im Treppenhaus von Stufe zu Stufe herunterspringen. Tatsächlich löste sich dadurch das messerscharfe Kristall und verließ durch die Blase und Harnröhre seinen Körper. Danach fühlte er sich wie neu geboren. Die Ärzte empfahlen ihm, täglich zwei bis drei Liter Flüssigkeit zu sich nehmen, damit die Nieren immer gut durchspült würden.

Mane muss verhindern, dass sich da richtige Nierensteine bilden, die teuflische Schmerzen verursachen. Wie soll er denn hier im Gefängnis mit solchen Schmerzen umgehen? Deswegen legen die ihn bestimmt nicht auf die Krankenstation und ob es hier Schmerztabletten gibt, weiß er auch nicht. Also muss er jeden Tag möglichst viel Flüssigkeit zu sich nehmen.

Er nimmt seinen Becher und trinkt Leitungswasser so viel er kann. Danach hat er das Gefühl, es blubbert in seinem Magen. Aber egal, er will sich ab sofort jeden Tag dazu zwingen!

In dieser Nacht liegt Mane lange wach. Morgen früh geht es zum ersten Mal in die Schusterwerkstatt. Er versucht sich vorzustellen, wie es da aussieht, was er arbeiten wird und auf wie viele Mitgefangene er treffen wird. Was für Typen werden das sein? Werden sie ihm als Neuen das Leben schwer machen?

* * * * *

In der Schusterei

Am nächsten Morgen, beim zweiten Klingelzeichen, steht Mane aufgeregt und erwartungsvoll an der Zellentür.

Nach dem Aufschließen geht er mit den anderen Häftlingen im Gänsemarsch den Flur entlang. Auf der gegenüberliegenden Seite des Zellentraktes marschieren ebenfalls

Gefangene in Richtung der Eisentreppen, die drei Stockwerke hinab in die große Halle führen. Dort nehmen die Männer in verschieden großen Gruppen Aufstellung.

Mane weiß, dass es in diesem Gefängnis eine Tischlerei, Schlosserei, Wäscherei, Schneiderei, Kleiderkammer, Bücherei, Bäckerei, Küche und natürlich auch seine Schusterei gibt. Ein Mitgefangener, der sieht, dass Mane unschlüssig herumsteht, zeigt ihm die kleine Gruppe der Häftlinge, die zur Schusterei gehören. Mit ihm sind es sechs Männer. Unsicher stellt er sich ganz rechts außen an die Reihe. Neugierig wird er von der Truppe gemustert.

Nachdem die zuständigen Wärter die Vollzähligkeit der Gruppen durch Aufrufen der Namen festgestellt haben, werden sie von den Wärtern nacheinander in die verschiedenen Werkstätten und Arbeitsbereiche geführt.

Die Schusterwerkstatt sieht aus, als wäre dort seit hundert Jahren nicht viel verändert worden. Mane wird vom Wärter ein Hocker in der Ecke neben einem großen Arbeitstisch zugewiesen, auf dem Berge von Leder- und Gummibahnen sowie eine Menge weiteres Material und Werkzeuge liegen. Dies ist sein Arbeitsplatz.

Mane bekommt eine Lederschürze, die ihm von der Brust bis zu den Füßen hinabreicht, einen eisernen Dreifuß und ein etwa ein Meter langes und dreißig Zentimeter breites Brett, das, auf den Schoß gelegt, seine Arbeitsplattform darstellt. Außerdem gibt es in der Werkstatt noch eine elektrische Schleif- und Poliermaschine, zwei Pressen für Klebearbeiten und eine Nähmaschine. Es riecht stark nach Kleber.

In der Mitte der Werkstatt liegt ein Haufen ramponierter Stiefel. Während die anderen sich Stiefelpaare heraussuchen und mit der Instandsetzung beginnen, weist der Wärter, wohl ein gelernter Schuhmachermeister, Mane mit viel Geduld ein. Dazu nimmt er ein Paar ramponierter Stiefel aus dem Haufen und zeigt anschaulich, was gemacht und wie es gemacht werden muss.

Er ist wohl so um die vierzig Jahre alt, mittelgroß und recht beleibt. Sein Gesicht ist kugelrund und hat eine rosarote Farbe. Die großen, ziemlich eng zusammenstehenden Augen haben einen freundlichen Ausdruck. Man spürt, dass er mit Herz und Seele Schumacher ist.

Mane wird zu Anfang nur einfache Reparaturen, wie Hacken- und Laufsohlenerneuerungen vornehmen. Die Stiefel werden mit einer Bürste gereinigt, die schiefen Lagen der Hacken oder die durchgelaufenen Sohlen entfernt und dann durch neue ersetzt. Dazu wird zunächst von der Schuhsohle mit einem Stück braunem Packpapier ein Abdruck gemacht, der auf eine Lederbahn übertragen wird. Die neue Sohle wird ausgeschnitten und mit Kleber und kleinen Nägeln am Schuh befestigt. Genauso wird mit den genormten Absatzstücken verfahren. Danach werden die Kanten der neuen Sohlen und Absätze glatt geschliffen und die Stiefel mit der Poliermaschine auf Hochglanz gebracht. Mane lernt schnell und es befriedigt ihn, etwas Sinnvolles zu machen.

Die Mitgefangenen in der Werkstatt unterhalten sich während der Arbeit laut und ungeniert. Immer wieder blicken sie zu Mane herüber, der still vor sich hin werkelt. Endlich, als der Meister in die Schneiderei, die nur durch eine

Glaswand getrennt ist, hinübergegangen ist und sich dort mit seinem Kollegen unterhält, will es einer wissen.

„Du siehst so harmlos aus und bist trotzdem hier? Bist wohl ein ganz Gefährlicher, was?"

Zum ersten Mal, seit Mane im Gefängnis ist, muss er lächeln. „Ja, ja, für den Staat bin ich ganz gefährlich", antwortet er und erzählt dann in wenigen Sätzen den Grund seiner Verurteilung. Die Männer schauen ungläubig drein.

„Warum bist du nicht zum Barras gegangen", sagt einer aus der gegenüberliegenden Ecke, „ist doch eine prima Sache. Mit einer Knarre durch die Gegend laufen und sich abends mit Kumpeln die Hucke vollsaufen, was Schöneres kann es doch gar nicht geben!"

Alle anderen stimmen ihm lauthals und sich vor Lachen auf die Schenkel schlagend zu. Was waren sie nicht alle für ‚gewiefte' Jungs beim Bund gewesen, erfährt Mane. Sie hatten obligatorisch über den Zapfenstreich geschlagen, waren regelmäßig nachts über Kasernenzäune geklettert, hatten den Spieß verarscht und alle erreichbaren Kneipen in dem Kasernenumfeld verunsichert. Und dort hatten ihnen natürlich alle Frauen zu Füßen gelegen. Ja, das war eine schöne Zeit gewesen.

„Da ist dir richtig was entgangen", sagt der Fragesteller mitfühlend zu Mane, „und du lässt dich dafür auch noch einsperren, nicht zu fassen! Wir jedenfalls wissen, warum wir hier im Knast sind."

„Ja, ich weiß," antwortet Mane, „es ist für euch schwer zu verstehen. Aber wenn wir schon mal dabei sind, weshalb seid ihr denn hier?"

* * * * *

Die Werkstatt-Truppe

Und nun erzählen sie nacheinander, mehr oder weniger ausführlich, ihre Geschichten. Dabei stört es sie auch nicht, dass der Meister, den sie wegen seines runden, rosafarbenen Gesichts ‚Schweinchen Dick' nennen, wieder da ist. Der kennt seine Pappenheimer ja sowieso.

Der Fragesteller heißt Harro, er ist 27 Jahre alt und ein richtiger Frauentyp. Schlanke Statur, volle schwarze Haare, schmaler Oberlippenbart und ‚Schlafzimmeraugen'. Er ist schon ein Jahr hier und hat noch drei vor sich. Harro ist Bankräuber.

„Das hat man davon, wenn man eine Bank überfällt und trotz guter Vorbereitung auf der Flucht geschnappt wird. Und wenn die Bullen dann noch einen durchgeladenen ‚Ballermann' in deiner Hosentasche finden, ist man gnadenlos fällig."

Er schüttelt immer wieder den Kopf: „Mit ´ner echten Pistole hätt´ ich das nicht machen sollen. Vielleicht wäre ich sonst mit zwei Jahren davongekommen. Aber was soll es, wenn ich wieder draußen bin, mache ich einen solchen Fehler beim ‚Geldabheben' nicht noch einmal."

„Warum hast du das denn eigentlich gemacht?" fragt Mane vorsichtig.

„Das ist eine lange Geschichte", antwortet Harro, „aber als ich dann schließlich im Schlamassel saß und die Raten für meinen Karmann-Ghia nicht mehr bezahlen konnte, war das meine einzige Chance. Das Auto wollte ich unbedingt behalten, denn ohne bist du draußen nichts."

Neben ihm sitzt Gerhard. Ein kleiner, schmächtiger Mann

mit dunkelbraunen Haaren, die seine Ohren bedecken. Seine jugendliche Art lässt ihn jünger erscheinen, als er ist. Gerhard sieht aus wie Ende zwanzig, ist aber bereits 42 Jahre alt. Vier Jahre ist er bereits hier und hat immer noch ein Jahr abzusitzen.

„Hinterher ist man immer schlauer", sagt Gerhard, „als wir uns kennenlernten, erzählte sie mir, dass sie achtzehn Jahre alt sei und so sah sie ja auch aus, aber sie war tatsächlich noch nicht ganz vierzehn. Als ihre Eltern merkten, dass wir uns trafen und was da ablief, haben sie mich angezeigt. Die Richter haben mir nicht abgenommen, dass ich nicht gemerkt habe, dass sie noch so jung war und mich, wie sie es nannten, wegen wiederholten Missbrauchs einer Minderjährigen verknackt. Dabei habe ich sie einfach nur geliebt. Aber ich muss schon zugeben, dass ich es immer auf ganz junge Dinger abgesehen hatte."

„Du alter Lustmolch hast selber Schuld", sagt Harro grinsend und schüttelt den Kopf.

Gerhard gegenüber sitzt Manfred. Ein großer, kräftiger Bursche mit breiten Schultern und Händen, die wie Pranken aussehen. Er ist fünfundzwanzig Jahre alt, hat mittelblonde, kurze Haare und große, wache Augen.

Manfred ist nach seiner Bundeswehrzeit vier Jahre lang auf einem Hochsee-Fischtrawler gefahren und hat nach den Fängen mit langen, scharfen Messern, bis zu den Knien in Blut stehend, Dorsche, Schellfische, Lachse und manchmal auch Thunfische geschlachtet und ausgenommen. Manfred ist erst ein halbes Jahr hier und hat sich offensichtlich nicht damit abgefunden, dass sein Aufenthalt noch einmal so lange dauern wird.

„Die hätten mich doch einfach gehen lassen sollen“, beschwert er sich, „es war doch schon alles vorbei“.

Er hatte nach einer Schlägerei auf dem Kiez einen Polizisten vermöbelt, der seine Personalien feststellen wollte. Vier Beamte brauchten all ihre Kräfte, um ihn zu bändigen.

„Wenn der mich nicht angefasst hätte, wäre gar nichts passiert“, grollt Manfred. Dabei blitzen seine Augen wie Warnlampen.

In der gegenüberliegenden Ecke der Werkstatt hat Heiko seinen Arbeitsplatz. Er ist dreißig Jahre alt, mittelgroß und hat schulterlanges, blondes Haar. Mit seinem gepflegten, ebenmäßigen Teint und seinen katzenhaften Bewegungen wirkt er irgendwie weiblich. Mane ist auch aufgefallen, dass er auf dem Weg in die Schusterei einen tänzelnden Gang hatte.

Heiko hat schon mehrfach im Gefängnis gesessen. Von den zweieinhalb Jahren, zu denen er wegen Drogenhandel und Diebstahl verurteilt wurde, hat er nur noch zehn Monate und die sitzt er nach eigenem Bekunden ‚locker auf einer Arschbacke‘ ab.

„Komisch“, sagt Mane zu sich selbst, „es sieht so aus, als würde er sich schminken und auch auf der Brust hat er verdächtige Wölbungen. Der ist bestimmt ‚vom anderen Ufer‘.“

„Wenn ich rauskomme, holt mein Freund mich ab“, sagt Heiko da und fügt dann grinsend hinzu: „Aber vorher muss ich mir meine Rosette noch mit Leder einfassen lassen.“

Mane grinst mit, weiß aber gar nicht genau, was er damit meint. Aber fragen will er vorsichtshalber auch nicht!

Der fünfte Mitgefangene heißt Albert. Er ist 28 Jahre alt,

von mittelgroßer, aber kräftiger Gestalt und hat kurze, gescheitelte rotbraune Haare. Er hat lustige Augen und um den Mund ausgeprägte Lachfalten.

Von seiner sechsjährigen Gefängnisstrafe hat Albert fast vier Jahre abgesessen. An seinem Dialekt und seinem fröhlichen Charakter merkt man, dass er eine ‚rheinische Frohnatur' ist. Tatsächlich stammt er aus Düsseldorf, war bei der Marine in Eckernförde als Zeitsoldat stationiert und hatte dort seine Frau kennengelernt. Als er eines Tages von einer Ausbildungsfahrt früher als erwartet zurückkam, traf er einen fremden Mann in seiner Wohnung an.

„Was dann passiert ist, weiß ich überhaupt nicht mehr", sagt Albert leise. „Plötzlich lag der da und rührte sich nicht mehr. Das Gericht wollte mir nicht glauben, dass es Notwehr war."

„Ich hätte den anschließend noch zerstückelt und den Haien zum Fraß vorgeworfen", flachst Manfred, der Fischschlächter, mit bösem Lachen.

Mane hat aufmerksam zugehört. Still für sich rekapituliert er: ein Bankräuber, ein Sexualtäter, ein Schläger, ein homosexueller Drogenhändler und Dieb sowie ein Totschläger. Aber irgendwie wirken die alle aufgeräumt, freundlich und sehr hilfsbereit. Mane beobachtet eine eigenartige Gruppendynamik, in der jeder seinen Platz hat und er quasi als ‚Nesthäkchen', also wie das jüngste Kind einer Familie, behandelt wird.

Aber auch das wird Mane bewusst: Der Staat stellt dich aufgrund deiner Gewissensentscheidung mit diesen Verbrechern, was sie nun ja einmal sind, auch wenn du sie so gar nicht empfindest, mit Absicht auf eine Stufe. Welch ein Offenbarungseid dieses sogenannten Rechtsstaates, der sich in moralischen Fragen für unfehlbar hält!

Viel Neues ist auf Mane eingeprasselt und die langen Unterhaltungen haben diesen Tag ungewohnt schnell vergehen lassen.

In der Schusterei ist es üblich, dass immer der zuletzt hinzugekommene Häftling abends die Werkstatt fegt und aufräumt. Im Laufe eines Arbeitstages sammeln sich Mengen von Gummi- und Lederabfällen sowie Schleifstaub an und überall liegen Materialien und Werkzeug herum. Und so fängt Mane bereitwillig zunächst mit dem Kehren an. Aber eigenartigerweise fassen alle mit an und es herrscht eine gelöste Stimmung. Es hat augenscheinlich allen gut getan, ein Stück ihrer eigenen Lebensgeschichte zu erzählen.

„Auf deinem Flur hat heute wieder ‚Kindergesicht‘ Dienst“, sagt Harro zu Mane, „den darfst du nicht verärgern. Denn das ist der Einzige, der nicht nur immer Dienst nach Vorschrift macht, sondern dir auch mal einen Gefallen tut. Als er letzte Woche bei uns auf dem Flur war, hat er mir aus der gegenüberliegenden Dreimannzelle die Sportzeitung zugesteckt.“

„Ist das der kleine Wärter mit dem blassen Gesicht und der zu großen Mütze?“ fragt Mane zurück. Als Harro nickt, huscht ein Lächeln über Manes Gesicht. Die nennen ihn ‚Kindergesicht‘ und irgendwie passt der Spitznahme auch.

Dann geht es wieder zurück in die Zellen. Zunächst aber nehmen die Häftlingsgruppen aus den verschiedenen Werkstätten wieder in der Halle Aufstellung und die Wärter zählen die Männer durch. Nun kommt ein Wärter aus der Gefängniszentrale und sucht aus den etwa 100 angetretenen Gefangenen vier bis fünf aus, die zur Leibesvisitation in einen besonderen Raum gehen müssen. Denn es ist bei Strafe verboten, aus den Werkstätten irgendwelche Gegenstände, natürlich besonders Werkzeuge, die sich zum Durchtrennen der Gitterstäbe an den Fenstern eignen könnten, in die Zellen mitzunehmen.

Schon am ersten Tag ist Mane dabei. Der Vollzugsbeamte aus der Zentrale, er hat einen strengen Blick, traut wohl seinem unschuldigen Gesichtsausdruck nicht. Zusammen mit den anderen Häftlingen muss er sich splitternackt ausziehen und alle Sachen auf einen Tisch legen. Mehrere Wächter untersuchen die Kleidungsstücke genau, befühlen jede Naht, ob in ihnen etwas verborgen ist. Die Stiefel nehmen sie besonders unter die Lupe.

Während der Prozedur, die mehrere Minuten dauert, steht Mane also nackt da, friert ein wenig, fühlt sich elend und ausgeliefert. So einfach ist es, einen Menschen zu erniedrigen! „Was suchen die bloß?“, denkt er. „Eine Eisensäge oder Feile kann man da doch nicht verstecken.“ Auf die Idee, dass sie vielleicht nach Drogen suchen, kommt Mane gar nicht.

Gemeinsam beenden die Wärter die Durchsuchung, die Gefangenen ziehen sich schnell an und jeder von ihnen wird von einem Wärter bis zu seiner Zellentür begleitet und eingeschlossen.

Nachdem der Essentross vorbeigezogen ist und Mane als Letztes an diesem Tag die obligatorischen fünf Blatt Toilettenpapier in Empfang genommen hat, schließt sich die Zellentür wieder für viele Stunden. Er klappt die Pritsche herunter, zieht den blauen ‚Biesen-Anzug‘ aus und kriecht unter die Decke. In seinen Gedanken, den Geruch des Klebers noch in der Nase, lässt Mane diesen ersten Tag in der Schusterwerkstatt noch einmal vorbeiziehen. Das war schon eine spezielle Truppe!

Aber beim Einschlafen kreisen alle seine Gedanken wieder um seine Familie und Tränen füllen seine Augen, als er nachrechnet: noch 82 Tage!

* * * * *

Stiefel gegen Weißbrot

Kurz nachdem am nächsten Tag die Schusterei-Gruppe die Werkstatt betreten und sich auf ihren Arbeitsplätzen eingerichtet hat, kommen vier Häftlinge aus der Kleiderkammer herein und kippen zwei große Zinkwannen voller Stiefel in die Raummitte.

„Diese Scheiß-Mauken“, sagt Heiko frustriert, „glauben die denn, dass wir zaubern können?“

Und Mane sieht, dass er recht hat. Die Schuhe sind abgewetzt und zerschlissen. Aber ‚Schweinchen Dick‘, der Schuhmachermeister, lehnt am Türrahmen und lacht.

„So, nun zeigt mal schön, was ihr könnt! Ihr habt doch bestimmt Hunger auf frisches Weißbrot!“, sagt er.

Während Mane verdutzt dreinschaut, haben Harro, Gerhard, Manfred, Heiko und Albert sofort verstanden. Sogleich gehen sie daran, die besten Stiefelpaare herauszusuchen und beginnen im Schnellgang mit den Reparaturen. Die zu erneuernden Teile werden von den Stiefeln entfernt, neue

Brand- und Laufsohlen aus Leder- und Gummibahnen herausgeschnitten und mit den alten Schuhen verklebt, vernagelt und glatt geschliffen. Mane hat die Aufgabe zugewiesen bekommen, neue Schnürbänder einzuziehen und die Stiefel an der Poliermaschine auf Hochglanz zu bringen. Jetzt sehen sie wieder fast wie neu aus.

Nachdem zehn Stiefelpaare fertig sind, nehmen Harro und Albert jeder fünf in ihre Lederschürzen und ‚Schweinchen Dick' geht mit ihnen in die Bäckerei, die in einem anderen Gefängnistrakt untergebracht ist. Nach etwa fünfzehn Minuten sind sie wieder da. Harro und Albert haben jeder zwei noch warme Weißbrote in ihren Schürzen.

„Diese Sonderbehandlung lohnt sich wenigstens", sagt Harro strahlend und zerteilt die ersten zwei Brote. Jeder bekommt zwei dicke Scheiben dieser duftenden Köstlichkeit. Während die Gefangenen mit Hochgenuss das noch warme Weißbrot essen, lehnt ‚Schweinchen Dick' mit einem zufriedenen Lächeln an der Schleifmaschine.

Mane kann sich nicht erinnern, jemals so wundervolles Brot gegessen zu haben! „Macht ihr das mit der Kleiderkammer genauso?", will Mane wissen, dem natürlich aufgefallen ist, dass die Kleidung der fünf anderen fast neu aussieht, während seine ‚sieben Sachen' schon deutliche Gebrauchsspuren aufweisen.

„Aber selbstverständlich", sagt Gerhard, der ja von allen am längsten hier ist, „gute Stiefel gegen gute Kleidung, ist doch normal. Morgen gehen wir in die Kleiderkammer und holen für dich neue Sachen. Und du musst dich hier in der Werkstatt umziehen, denn die Tischler und Schneider dürfen das nicht mitkriegen!"

Bei diesen Worten hat sich Gerhard zu ‚Schweinchen Dick‘ umgedreht, der zustimmend nickt.

Mane weiß, dass es fast pervers ist, aber irgendwie ist er ein wenig stolz, zu dieser Truppe zu gehören. Und er betrachtet die Männer keineswegs als minderwertig. Durch ihre Kindheit oder durch irgendein Ereignis, das sie nicht mehr ungeschehen machen können, sind sie erst gar nicht ins ‚richtige Leben‘ hineingekommen oder später aus der Bahn geworfen worden. Doch wie Verbrecher benehmen sie sich eigentlich nicht. Philosophisch betrachtet könnte man Folgendes sagen: Seine fünf Kumpanen sind im strafrechtlichen Sinne zwar Verbrecher, aber Unmenschen sind sie deshalb noch nicht. Und die gesellschaftlichen Unterschiede verwischen im Gefängnis sowieso. Es gibt weder Arm noch Reich. Irgendwie pervers!

„Übrigens“, sagt ‚Schweinchen Dick‘, der immer noch an der Schleifmaschine lehnt, „vorgestern haben sie Che Guevara in Bolivien erschossen. Der wollte doch dort, wie auf Kuba mit Fidel, eine Revolution anstiften. Hätte nicht gedacht, dass man den überhaupt schnappen kann. Aber im Fernsehen haben sie die Vermutung geäußert, dass er verraten worden sein könnte.“

Da die Gefangenen kein Radio hören oder Zeitungen lesen dürfen, erzählt er ihnen hin und wieder wichtige Dinge, die draußen geschehen.

„Glaube ich auch", sagt Albert, „der Che Guevara war doch ein ganz abgewichster Hund. Aber was sucht der auch in Bolivien, der hätte mal lieber bei uns in Deutschland eine Revolution anzetteln sollen. Wir hier hätten bestimmt alle mitgemacht!" Lautes Gelächter folgt.

* * * * *

Noch 78 Tage!

Als Mane an diesem Abend in seine Zelle kommt, liegt ein Brief von Beate auf seinem Tisch. Mit zitternden Händen öffnet er ihn und verschlingt noch im Stehen jedes Wort. Sie schreibt, dass sie alle drei ihn sehr vermissen und besonders Mirjam ständig fragt, wo Papa denn ist. Ansonsten ist Mirjam fröhlich und immer dabei, wenn Steffi gewickelt wird und das Fläschchen bekommt. Mirjam ist jetzt mit eineinhalb Jahren schon fast sauber und das erleichtert Beates Arbeit sehr. Jeden Abend setzt Beate sich mit Steffi im Arm zu Mirjam aufs Bett und dann wünschen sie gemeinsam ihrem Mann und Papa eine gute Nacht.

Ein warmes Gefühl zieht durch seine Brust und Tränen laufen ihm über die Wangen. Mit seinen geistigen Augen sieht er seine Familie vor sich und hört das Lachen seiner kleinen Töchter. Er setzt sich auf den Hocker und drückt den Brief an sein Gesicht. Das Papier duftet so sehr nach Beate, als stünde sie vor ihm. Sie muss einige Tropfen von ihrem Parfüm darauf geträufelt haben!

Als das Licht ausgeht, kriecht Mane unter die Decke und legt den Brief neben sich auf das Bett. In Gedanken entwirft er einen Brief an seine Familie. Aber er darf erst in drei oder vier Tagen das erste Mal schreiben. Eines weiß er jetzt schon: Die zwei Blätter, die er bekommen wird, reichen in keinem Fall aus!

Die nächsten Abende und Nächte in der Zelle vergehen quälend langsam. Zu der Sehnsucht nach Beate und den Kindern gesellen sich immer öfter fatalistische Gedanken. Er liest dann Beates Brief wieder und wieder. Das hilft ihm, die Angst, man könnte ihn einfach nicht mehr freilassen, zu verdrängen und er stellt sich immer wieder vor, wie es sein wird, wenn sich das Gefängnistor öffnet und seine Familie vor ihm steht. Aber es sind noch 78 Tage!

Tagsüber in der Schusterwerkstatt geht es ihm besser. Da wird auf den ‚Mauken' herumgenagelt, es riecht nach frischem Kleber und die Schleifmaschine pfeift vor sich hin. Vor allem aber wird geredet und gelacht.

Besonders hoch geht es immer her, wenn die beiden ‚Seeleute' Albert und Manfred ihre Erlebnisse an Bord und natürlich aus den Kneipen und Puffs erzählen.

Manfred erzählt immer wieder die Geschichte, als sein Fischdampfer wegen eines schweren Sturmes einen englischen Hafen anlaufen musste und er drei Tage nicht aus einem Bordell herauskam. Und wenn der Smutje nicht sein Freund gewesen wäre, säße er wahrscheinlich noch heute dort. Denn der Sturm hatte sich gelegt und der Dampfer wollte auslaufen, auch ohne ihn. Der Smutje fand ihn endlich und schleppte ihn an Bord. Die russische Puffmutter soll zum Abschied zu ihm gesagt haben: „Germansky, Germansky, schmal im Gesicht, aber Riemen wie aus Eisen.“ Wenn Manfred das erzählt, schlägt er sich auf die Schenkel und schüttelt sich vor Lachen.

Alberts Geschichten, der bei der Marine Bootsmann auf einem Torpedoboot war, kann mit seinen Erlebnissen gut mithalten. Da war zum Beispiel der Flottenbesuch in Cherbourg, Frankreich. Eines Tages war die Mannschaft zu einem Kameradschaftsabend an Land eingeladen. Nur er und zwei Matrosen mussten an Bord Wache schieben, wobei es ihre besondere Aufgabe war, dem am Kai liegenden Boot ‚Leine zu geben‘. Der Atlantik hat hier nämlich einen Tidenhub von fast acht Metern. Als sie aber gegen Mitternacht den fröhlichen Gesang ihrer weinseligen Kameraden aus der nahe gelegenen Kneipe hörten, hielten sie es nicht mehr aus. Sie gingen auch in die Kneipe und nahmen ordentlich einen zur Brust. Der gegen drei Uhr von einem offiziellen Empfang zurückkehrende Kapitän bekam fast einen Herzanfall, als er das mit neunzig Grad Schlagseite an den Tauen hängende Torpedoboot sah. „Mann, war da was los“, lacht Albert, „der Alte hat mit mir bis Eckernförde kein vernünftiges Wort mehr geredet.“

Und Harro, der Bankräuber, sinniert immer wieder laut darüber nach, was er bei seinem Überfall alles falsch gemacht hat und was er beim nächsten ‚Geldabheben‘ besser machen will. Sein größter Fehler sei gewesen, dass er mit seinem auffälligen Karmann-Ghia nach dem Überfall geflüchtet war. Von den Dingern gab es in der Gegend nicht viele und die Bullen hätten ihn deshalb schnell einkreisen und an einer Straßensperre schnappen können. „Am besten, man klaut einen Käfer und versteckt ihn irgendwo im Wald. Nach dem

Überfall flüchtet man zunächst mit dem Fahrrad über Feldwege und Wiesen da hin. Anschließend fährt man mit so einer Allerweltskiste seelenruhig davon. Dann kriegen einen die Bullen nie!"

So trägt jeder mit seinen Geschichten dazu bei, dass die Vormittage und Nachmittage schnell vergehen. Oft gesellt sich dann ‚Schweinchen Dick' dazu. Er lehnt dabei an der Schleifmaschine, hört amüsiert zu und hebt manchmal auch drohend den Finger.

Der Wärter aus der Zentrale, diesem Glaskasten in der Mitte der riesigen Halle, muss einen Pik auf Mane haben. Fast jeden Abend muss er zur Leibesvisitation. Die angetretenen Häftlinge lachen jedes Mal, wenn der Wärter auf den zitternden Mane zeigt. Oft muss auch das ‚Kindergesicht' Leibesvisitationen durchführen und lächelt dabei fast entschuldigend. Aber es nützt nichts, Mane muss sich nackend ausziehen und in diesem Zustand zusehen, wie seine Kleidung ‚durchgeflöhnt' wird. Jedes Mal eine richtige Demütigung. An so was kann man sich nie gewöhnen!

Am Ende der zweiten Woche passiert Mane ein Missgeschick. Morgens, beim Hinabgehen in die Halle, stolpert er auf der Treppe und tritt dem vor ihm gehenden Häftling kräftig in die Hacken. Es ist ein hünenhafter, grobschlächtiger Bursche, der Mane unten in der Halle auflauert, an das Halstuch greift und es zusammenzieht. Noch bevor Mane überhaupt einen Ton herauskriegt, steht Manfred, der Fischschlächter, neben ihm. Er ist genau so groß wie der Angreifer. „Wenn du noch einmal Tageslicht sehen willst, dann lass den Kleinen los!", zischt er den Angreifer an. Der sieht die flackernden Warnlampen in Manfreds Gesicht und reiht sich wortlos in die Gruppe der Tischler ein. Die Schustertruppe nimmt Mane ab sofort beim Appell in die Mitte.

Es ist für ihn ein überwältigendes Gefühl, zu wissen, dass er praktisch eine fünfköpfige Schutztruppe hat.

Als Mane an diesem Tag abends wieder seine Einzelzelle betritt, liegen auf den Tisch zwei Blatt Schreibpapier, ein Briefumschlag und ein Kugelschreiber. Er darf seinen ersten Brief nach Hause schreiben. Nach kurzer Zeit wechselt die Freude darüber in große Unsicherheit. Sein Herz ist so voll, aber werden seine Worte Beate nicht noch trauriger machen, als sie ohnehin schon ist?

Nach dem letzten Kontrollgang setzt er sich an den Tisch und adressiert zunächst den Briefumschlag. Dann beginnt er zu schreiben. Die Sehnsucht nach seiner Familie sprudelt nur so aus ihm heraus. Auch die Angst, dass ihnen irgendetwas zustoßen könnte und er nicht helfen kann. Aber er ist sich im Klaren darüber, dass er seine Traurigkeit und seine Niedergeschlagenheit nicht auf Beate übertragen darf, die mit den beiden kleinen Töchtern doch allein zurechtkommen muss. Er schreibt und schreibt und schreibt, bis auch der letzte Millimeter Papier bedeckt ist. Den Umschlag lässt er offen, denn er weiß, dass aus- und eingehende Post überprüft wird.

In dieser Nacht schläft Mane besser. Alles, was er fühlt und was ihn bedrückt, hat er geschrieben und er hat seiner Frau Mut gemacht, durchzuhalten. Mindestens die Hälfte des Briefes hat er der Zeit nach seiner Entlassung gewidmet.

Gewiss, es wird nicht leicht werden, aber sie werden es schaffen und den beiden Mädchen ein gutes Zuhause bieten. Und dass Beate nun bald diesen Brief in den Händen halten wird, beruhigt ihn sehr. Ja, schreiben konnte er schon immer.

* * * * *

Das Gnadengesuch

Einige Tage später sitzt Albert, der unabsichtliche Totschläger, nachdenklich auf seinem Hocker und seine rheinische Frohnatur will nicht so recht auf Touren kommen. Er hat jetzt fast zwei Drittel seiner sechsjährigen Strafe abgesessen und will ein sogenanntes Gnadengesuch stellen. Wenn Gefangene zwei Drittel ihrer Strafe verbüßt und sich einwandfrei verhalten haben, können sie auf ihren Antrag hin vorzeitig entlassen werden. Über den Antrag, der gut begründet sein muss, entscheidet ein Richter. Es gibt keinen Häftling, der das nicht will. Albert natürlich auch. Er hat das Formular für das 2/3-Gesuch schon auf seinem Zellentisch liegen. „Das ist ganz große Scheiße, ich weiß einfach nicht, was ich schreiben soll“, klagt Albert. „Ich bin gelernter Elektriker und kein Schreiberling. Was mache ich nur! Die Wärter dürfen mir nicht helfen und den Pfaffen will ich nicht sehen.“ Er schaut Hilfe suchend in die Runde.

„Wenn du willst, schreibe ich dir das Gnadengesuch“, sagt Mane, „schließlich ist Schreiben mein Job. Aber was muss denn in dem Gesuch stehen?“

„Da ist es ja", antwortet Albert, „so genau weiß ich nicht, worauf es da ankommt. Auf alle Fälle muss da drin stehen, dass ich meine Tat bereue und ich künftig nie mehr einen Menschen verletzen werde, oder so ähnlich."

„Ja, ich glaube, ich weiß, was der Richter hören will, der über dein Gnadengesuch zu entscheiden hat", sagt Mane nachdenklich. „Komm, Albert, setz dich hier zu mir und erzähl mir deine Lebensgeschichte, dazu was du aus deiner Bestrafung gelernt haben willst und wie deine Planungen für die Zukunft aussehen. Ich mache mir hier in der Werkstatt Notizen, arbeite das Gesuch abends in der Zelle aus und du musst es dann nur noch abschreiben. Ich verpasse dir einen Heiligenschein, dass der Richter Tränen in die Augen kriegt." Bei Manes letzten Worten lacht die ganze Bande.

‚Schweinchen Dick', der das Gespräch verfolgt hat, nickt aufmunternd: „Ihr könnt ja was von dem Packpapier nehmen, das da hinten auf dem Tisch liegt. Einen Bleistift besorge ich euch gleich. Aber denkt dran, ich habe von nichts gewusst!" Irgendwie ist er doch ein feiner Kerl.

Albert rückt mit seinem Hocker zu Mane heran. Während er erzählt oder auf Manes Fragen antwortet, macht dieser sich auf einem Stück Packpapier Notizen. Die anderen arbeiten leise weiter und hören dem Gespräch zu.

Albert hatte ein gutes Elternhaus gehabt und wuchs zusammen mit seinen zwei Geschwistern behütet auf. Weil er ein guter Mittelschüler war, riet ihm der Vater, eine kaufmännische Lehre zu machen. Aber er wollte unbedingt Elektriker werden und so fing er bei der Düsseldorfer Straßenbahngesellschaft an. Als er nach der Lehre zum Wehrdienst eingezogen wurde, entschied er sich, Zeitsoldat zu werden und zur Marine zu gehen. So kam er nach Eckernförde. In einem Tanzlokal lernte er eine hübsche und lebenslustige Frau kennen, die er schon ein Jahr später heiratete.

Man merkt Albert an, dass er über diese Zeit nicht gerne spricht. Er war zu oft von zu Hause weg auf See gewesen. Und auch dann, wenn er mit dem Schiff unterwegs war, ging seine lebenslustige Frau oft abends tanzen oder traf sich mit ‚alten Freunden'. Alberts Eifersucht steigerte sich ins Unermessliche. Und als er dann eines Tages unerwartet in der Tür stand und den Fremden im Schlafzimmer bei seiner Frau liegend vorfand, hat er absolut rot gesehen. Die Tat selber hat Albert im Affekt begangen und deshalb so gut wie keine Erinnerung mehr daran. Seine Frau hat sich mittlerweile von ihm scheiden lassen und ist unbekannt verzogen. Albert will nach seiner Entlassung wieder nach Düsseldorf zurückkehren, im Hause der Eltern wohnen und mit deren Hilfe wieder Fuß fassen. „Vielleicht solltest du in dem Gesuch besonders hervorheben", sagt Albert abschließend zu Mane, „dass ich eigentlich kein gewalttätiger Mensch bin. Ich hatte mich so auf meine Frau gefreut und dann das. Es war einfach zu viel für mich in diesem Moment."

Mane hat sich unentwegt Notizen gemacht und einen Bogen Packpapier fast vollgeschrieben. Er faltet das Blatt mit den Notizen auf DIN-A5–Größe zusammen und trägt es unter dem Unterhemd am Körper, als die Häftlinge nach der Arbeit zum Appell in der großen Halle antreten. Wird er diesmal ausnahmsweise Glück haben und nicht zur Leibesvisitation herausgerufen? Und wenn man das Blatt findet, wie werden die Wärter reagieren?

Aber da naht schon der Vollzugsbeamte aus der Zentrale und zeigt, wie konnte es auch anders sein, schnurstracks wieder auf ihn.

Mane wird in der Magengegend mulmig, aber schicksalsergeben geht er in den Untersuchungsraum, zieht sich nackend aus und legt alles auf den Tisch.

Unter den Wärtern, die zur Leibesvisitation in den Raum kommen, ist diesmal auch das ‚Kindergesicht'. Als er Mane sieht, geht er gleich auf seine Sachen zu und beginnt mit der Durchsuchung. ‚Kindergesicht' runzelt die Stirn, als er das Blatt mit den Notizen findet. Er dreht seinen Oberkörper so, dass die anderen Wärter das Blatt Papier nicht sehen, und überfliegt die Aufzeichnungen. Dann faltet er das Blatt wieder zusammen und legt es zwischen die Sachen. „Was soll das denn werden?", murmelt er. Leise antwortet Mane: „Mein Arbeitskollege Albert weiß nicht, wie er sein Gnadengesuch schreiben soll. Ich schreibe ihm das heute Abend vor und er schreibt es morgen in seiner Zelle ab." ‚Kindergesicht' schaut Mane einen Augenblick lang erstaunt an und flüstert zurück: „Finde ich gut. Ich hab das Papier nicht gesehen."

Mane versucht, das Strahlen in seinem Gesicht zu verbergen. Das hatte er nicht erwartet und große Erleichterung macht sich in seiner Brust breit. Er ist froh, dass ‚Kindergesicht' seine Sachen kontrolliert hat, und nicht einer der anderen ‚Bullenbeißer'. Als er die Eisenstufen zu seinem Zellentrakt im zweiten Stockwerk hinaufeilt, hat er das Gefühl, er könne fliegen!

Nach dem Einschließen macht er sich mit Akribie über das Gnadengesuch her, das er in gut leserlicher Schrift auf die Rückseite des Blattes schreibt. Als das Licht ausgeht, fühlt er zum ersten Mal nicht so eine große Leere in sich. Etwas für seine Mitgefangenen machen zu können, befriedigt ihn sehr. Aber seine letzten Gedanken sind natürlich bei Beate und den Kindern.

Am nächsten Morgen, schon beim Appell in der großen Halle, ist Albert ganz gespannt.

„Hast du es gestern Abend geschafft und dabei?“, fragt er Mane erwartungsvoll. Als Mane still nickt, funkt Harro, der Bankräuber, neugierig dazwischen: „Wenn wir in der Schusterbude sind, musst du uns das gleich mal vorlesen.“

In der Werkstatt angekommen, versammeln sich alle, auch ‘Schweinchen Dick‘, um Albert, der den Entwurf des Gnadengesuchs laut vorliest.

„So hätte ich das nie und nimmer formulieren können“, sagt er kopfschüttelnd. „Besonders hier der letzte Absatz: Meine bisherige Haftzeit hat mir viel Zeit zur Reue und inneren Umkehr gegeben. Ich bereue meine Tat zutiefst. Dass mir in dieser Ausnahmesituation die Nerven versagten und ich mich zu einer solchen Gewalttat hinreißen ließ, bedaure ich aufrichtig. Ich werde künftig daran arbeiten, gelassener auf Probleme zu reagieren. Die Rückkehr in mein Elternhaus nach Düsseldorf wird mir dabei eine große Hilfe sein.“

Auch ‚Schweinchen Dick‘ ist beeindruckt und tippt Mane anerkennend auf die Schulter.

„Also, wenn du kein ‚Blitzabgang‘ wirst, verstehe ich die Welt nicht mehr“, sagt Harro und wendet sich dann an Mane: „Auch wenn das bei mir noch Zeit hat, aber so ein Gnadengesuch musst du mir auch schreiben.“

„Mir auch“, bittet Heiko, „vielleicht komme ich dann wenigstens noch ein paar Monate früher zu meinem Süßen.“

Nur Manfred, der Fischschlächter, knurrt gefährlich leise: „Aber verdient hat dieser Hund das trotzdem. Wenn ich einen Kerl bei meiner Alten angetroffen hätte, würde der sich jetzt auch die Radieschen von unten ansehen!"

Übrigens, alle Häftlinge träumen von einem sogenannten ‚Blitzabgang'. Darunter verstehen sie eine Entlassung von einer Stunde auf die andere, weil ihr Urteil revidiert wurde. Denn mehr als die Hälfte der Gefangenen fühlen sich sowieso unschuldig. Und so rufen manche laut durch den Zellentrakt: „Zentrale, hier ist ein Blitzabgang", worüber sich die Wärter in der Zentrale immer ärgern und nach dem Rufer Ausschau halten.

* * * * *

Der Gefängnisschreiber

Die Wärter wissen, dass sich fast ausnahmslos alle Strafgefangenen für die Ergebnisse der Fußball-Bundesliga interessieren. Auch in der Schusterei gibt es mit Gerhard und Albert zwei ausgesprochene Experten. Am Montagmorgen macht sich ‚Schweinchen Dick' immer den Spaß, die beiden aufzuziehen. „Also, ich glaube, Nürnberg wird diesmal deutscher Meister", sagt er, „die haben in Bremen 4:0 gewonnen und die schlappen Bayern verlieren 1:0 in Braunschweig, wie peinlich!"

Gerhard, der Nürnberg-Fan ‚streichelt' vergnügt seine Mauken, während Albert, der Bayern-Freund, auf seinen

Stiefeln mit dem Hammer herumnagelt, als wollte er Flundern daraus machen.

Dass Mane für Albert ein vielversprechendes Gnadengesuch entworfen hat, spricht sich unter den Gefangenen in den anderen Werkstätten schnell herum. Und bald wissen auch Häftlinge in anderen Zellentrakten davon.

Deshalb kommen jetzt öfter Mitgefangene aus der Schneiderei, der Tischlerei, der Schlosserei, der Bäckerei und der Kleiderkammer unter einem Vorwand in die Schusterwerkstatt, um Mane zu bitten, auch ihnen ein Gnadengesuch zu verfassen. Er macht sich dann, wie immer, auf Packpapier Notizen zu ihrem Fall. Andere stecken ihm auf den Hin- und Rückwegen zur Arbeit Zettel zu, auf denen in teilweise radebrechendem Deutsch stichwortartige Lebensläufe stehen. Und bei den Hofgängen an Wochenenden gesellen sich immer wieder Mitgefangene zu ihm, die in aller Kürze ihre Geschichte erzählen und um einen Entwurf bitten.

Bei den abendlichen Leibesvisitationen, zu denen Mane noch immer ständig von dem Wärter aus der Zentrale geschickt wird, wissen jetzt alle durchsuchenden Wärter Bescheid. Sie legen das gefaltete Packpapier wortlos, aber immer mit einem anerkennenden Blick in die Kleidung zurück. Mane ahnt, dass er das dem ‚Kindergesicht‘ zu verdanken hat.

So sitzt Mane Abend für Abend, bis das Licht ausgeht, in seiner Zelle am Tisch und schreibt und schreibt.

Da ist zum Beispiel Holger, ein stiller, in sich gekehrter Mitgefangener, der in der Schlosserei arbeitet. Er ist der Sohn eines Großbauern aus Dithmarschen. Von seiner 7-jährigen Freiheitsstrafe hat er bereits vier verbüßt. Doch als Holger über sein Leben und den Grund seiner Verurteilung spricht, zittert noch heute seine Stimme.

Schon als kleiner Junge musste er mit ansehen, wie sein betrunkener Vater die Mutter schlug und in ein dunkles Zimmer einsperrte. Er war ein weithin bekannter Kommunalpolitiker, trieb sich ständig mit anderen Frauen herum und terrorisierte seine Familie. Holger hatte nach der Schulzeit mit der Hilfe seiner Mutter den Hof verlassen und war in die Kreisstadt gegangen, wo er eine Klempnerlehre absolvierte. Danach war er zur Bundeswehr gekommen und hatte in einer Panzereinheit gedient. Als er nach Jahren seine Mutter besuchte, fand er sie in einem schlimmen Zustand vor. Plötzlich tauchte aus dem Arbeitszimmer der stark alkoholisierte Vater auf und begann, auf die beiden einzuschlagen. Holger griff eine Keramik-Blumenvase, die auf dem Küchentisch stand, und schlug sie ihm über den Kopf. Den Schlag und einen unglücklichen Sturz überlebte der Vater nicht.

Holger musste dann in seinem Prozess erleben, dass sein tyrannischer Vater viele Freunde in Politik und Justiz gehabt hatte. Das Leid der Mutter wurde heruntergespielt und seine offensichtliche Notwehrsituation nicht berücksichtigt. Der Staatsanwalt hatte herausgefunden, dass Holger in finanziellen Schwierigkeiten war, und unterstellte ihm sogar Habgier, weil sein Vater ständig größere Geldbeträge in seinem Büro verwahrte. So wurde er wegen Totschlags aus niederen Beweggründen zu sieben Jahren Gefängnis verurteilt.

Als Mane das Gnadengesuch schreibt, erfasst ihn tiefe Resignation. Holger ist mit seinen 26 Jahren bereits ein gebrochener Mensch und steht vor den Scherben seines noch jungen Lebens. Und Mane ist klar, der gehört, wenn die Geschichte stimmte, genau so wenig in den Knast wie er selbst. Und wenn man, wie Holger, noch kein Verbrecher war, hat man im Gefängnis die besten Chancen, einer zu werden. Denn hier wird man erniedrigt, erfährt man Menschenverachtung, stumpft gegenüber Gerechtigkeit ab und sinnt verbittert mit anderen Häftlingen darüber nach, wie man sich später seinen Anteil von dieser ‚Scheißgesellschaft' zurückholen kann.

Aber die große Mehrzahl der Gefangenen hat es natürlich verdient, hier zu sein und weiß das auch. Wie zum Beispiel Henry, der in der Tischlerei arbeitet. Ein großer, schlaksiger Typ mit einem lauten Organ. Er ist überall herauszuhören und ohne ihn zu sehen, wissen die Wärter beim allmorgendlichen Appell, dass er da ist. Frank und frei, aber besonders laut natürlich, erzählt er Mane seine Geschichte.

Henry ist 35 Jahre alt, Gelegenheitsarbeiter und leider auch Serieneinbrecher. Nachdem Mane alles gehört hat, beschäftigt ihn die Frage, ob er denn seinem Schicksal überhaupt entrinnen konnte, wenn man seine Kindheit und Jugend betrachtet. Henry hatte ein furchtbares Zuhause gehabt. Vater und Mutter waren Gewohnheitstrinker gewesen. Der Vater ging keiner geregelten Arbeit nach und die Mutter kümmerte sich um ihn und seine drei Geschwister kaum. Die Familie lebte von der Fürsorge in äußerst ärmlichen Verhältnissen. Henry lebte vorwiegend auf der Straße und ging schon mit zwölf Jahren auf Diebestouren. Mehrfach landete er im Jugendgefängnis, aber das änderte nichts. Henry nahm sich, was er brauchte oder zu Geld machen wollte: Er stahl in

Kaufhäusern, Gartenkolonien, brach Einfamilienhäuser und Garagen auf und überfiel in der dunklen Jahreszeit Passanten, die aus Bankfilialen kamen. Henry kannte nichts anderes.

Mane schreibt zwar zum Ende seines Gnadengesuches, dass die verbüßten zwei Jahre ihn zum Umdenken bewegt haben und er nach der Freilassung ein geordnetes Leben im Einklang mit den Gesetzen führen will. Doch so recht glauben kann er es nicht, da Henry ständig mit anderen Häftlingen über die neuesten Einbruchsmethoden diskutiert.

Tagsüber in der Schusterei kann Mane sich mit Albert, der Zeitsoldat bei der Marine war, gelegentlich sehr gut über gesellschaftspolitische Themen unterhalten. So diskutieren sie oft über den Sinn von Gefängnisstrafen. Natürlich, der Abschreckungsfaktor ist unbestreitbar, darüber sind sich beide einig. Aber ob eine Gefängnisstrafe Menschen ändern oder gar bessern kann, bezweifelt Mane sehr. Und Albert geht sogar noch einen Schritt weiter. „Ich glaube“, sagt er, „für viele Männer hier ist der Gefängnisaufenthalt so, als seien sie auf einer ‚Akademie des Verbrechens‘. Ich kann das nach fast vier Jahren beurteilen. Die lernen, wie man Autos, Häuser und Tresore knackt und wo man am besten hinschlägt, wenn man einen umhauen will.“

‚Schweinchen Dick‘, der immer zuhört und sich oft auch an solchen Diskussionen beteiligt, ist von dieser Aussage nicht begeistert.

Er schüttelt dann resignierend den Kopf und sagt: „Was soll die menschliche Gesellschaft zu ihrem Schutz denn anderes machen? Es gibt kein Patentrezept, dazu sind die Menschen zu verschieden.“

* * * * *

Der Wärter aus der Zentrale

Zu gerne möchte Mane später mit Richtern, Staatsanwälten und Sozialarbeitern einmal sehr gründlich über den modernen Begriff ‚Resozialisierung‘, also die Wiedereingliederung von Straftätern in die Gesellschaft, diskutieren. Es gibt viele Strafgefangene, die waren vor ihrer Verurteilung nicht Mitglieder der Gesellschaft, wie Henry, weil sie von Kindesbeinen an außerhalb standen und nur Gesetzlosigkeit und Unmoral kannten. Diese Menschen kann man nicht wieder eingliedern, ihnen muss man die Grundlagen einer menschlichen Gesellschaft erst einmal nahe bringen.

Und es gibt einige Gefangene, die vor ihrer Tat und der folgenden Verurteilung sehr wohl geachtete Mitglieder der Gesellschaft waren, jetzt aber, durch Demütigungen und das Durchlaufen der ‚Akademie des Verbrechens‘ auf Dauer für die Gesellschaft unbrauchbar gemacht werden. Man sollte sich allen Ernstes fragen, ob eine Gefängnisstrafe in jedem Fall das richtige Sanktionsmittel ist.

Eines Morgens erscheint ein Mithäftling aus der Schneiderei, dem Mane am Vorabend ein Gnadengesuch geschrieben hat, nicht zum Appell und so kann er ihm das Stück Papier nicht zustecken. Mane trägt also das fertige Gesuch zusammen mit einem weiteren Blatt voller Notizen noch unter dem Unterhemd, als er abends wieder zur Leibesvisitation muss.

Auch die gerade in den Untersuchungsraum eingetretenen Wärter zucken zusammen, als plötzlich die Tür noch einmal aufgeht und der Vollzugsbeamte aus der Zentrale, er ist allem

Anschein nach ihr Dienstvorgesetzter, erscheint und geradewegs auf den splitternackten Mane zugeht. Wortlos beginnt er, die vor ihm auf dem Tisch liegende Kleidung zu kontrollieren. Nach einigen Sekunden hat er gefunden, was er augenscheinlich suchte: das braune Packpapier! Während die anderen Wärter sichtlich verunsichert ihre Arbeit verrichten, setzt er sich auf einen Stuhl und beginnt seelenruhig das Gnadengesuch zu lesen. Es fröstelt Mane nicht nur infolge seiner Nacktheit, er hat schlicht Angst, denn jemand muss ihn ja verpfiffen haben.

Nach einigen Minuten steht der Vollzugsbeamte auf, faltet das Papier wieder sorgfältig zusammen und geht auf Mane zu. Er nimmt seine Brille ab und schaut Mane ernst an. „Ich spürte von Anfang an, dass du irgendwie anders bist als die anderen“, beginnt er. „Aber ich wusste nicht, was es war. Als ich dann bemerkte, dass auch langjährige Häftlinge, darunter auch wirkliche Rabauken, mit dir als Neuen richtig respektvoll umgingen, ja dich sogar beschützten, war mir spätestens klar, das die dich brauchen, dass du irgendetwas für sie machst, was sie nicht können. Und da habe ich mich mal umgehört und mir deine Akte angesehen.“

Er drückt Mane das Packpapier in die Hand, lächelt und sagt: „Ja, ja, das Gnadengesuch hast du wirklich sehr gut geschrieben, aber mache bitte nicht alle zu Helden oder zu Heiligen. Offiziell ist das natürlich nicht erlaubt, denn man könnte ja auch auf dem Papier Ausbruchspläne schmieden, aber bei dir machen wir eine Ausnahme.“ Er schüttelt dem nackten Mane die Hand und verlässt den Untersuchungsraum.

Als am nächsten Abend beim Appell in der großen Halle der Vollzugsbeamte aus der Zentrale mit strengem Blick, aber diesmal an Mane vorbei auf den neben ihm stehenden Harro zeigt, geht ein Raunen durch die Gefangenen. Mane muss fortan nie wieder zur Leibesvisitation.

Dafür macht sich bei Mane ein anderes Problem stärker bemerkbar. Denn obwohl er ständig viel Wasser trinkt, haben die latent vorhandenen Nierenschmerzen seit zwei Tagen deutlich zugenommen. Er weiß, sicher haben sich winzig kleine Kristalle gebildet, die man auch Nierengries nennt. Die müssen weg!

Also beschließt er, es wie damals im Krankenhaus zu machen. Er trinkt abends viel Wasser, wartet etwa eine halbe Stunde, steigt dann auf den Hocker und springt herunter. Und das in schneller Folge.

Es hilft und sein Körper entspannt sich. Nur einem irritierten Wärter muss Mane wortreich erklären, warum es abends hin und wieder in seiner Zelle so ‚rumbst'.

* * * * *

„Aktenzeichen XY: ... ungelöst"

An seinem dritten Wochenende im Strafgefängnis, es ist Sonnabendnachmittag, sitzt Mane an seinem kleinen Tisch und entziffert einen Zettel, den ihm ein junger Mitgefangener aus der Tischlerei zugesteckt hat.

In der Gaunersprache heißt so ein Zettel auch Kassiber.

Oben hat er seinen Namen drauf geschrieben: Thomas Wunder. Dann schreibt er: „Bin schon fast drei Jahre hier.

Habe fünf Jahre gekriegt wegen Banküberfall mit Pistole. Habe auf der Flucht auf die Bullen geschossen, aber nicht getroffen. War mein größter Fehler. War mein erster Überfall, sonst nichts mit der Polizei zu tun gehabt. Brauchte Geld, weil ich Spielschulden hatte. Gehe nie wieder in ein Spielcasino. Habe mich hier gut geführt. Bitte schreib mir ein Gesuch vor. Danke."

„Schon wieder ein Bankräuber", sagt Mane zu sich selbst, „ich werde ihm einen Entwurf schreiben, aber ich glaube nicht, dass er eine Chance hat. Auf die Polizei geschossen! So ein Idiot!"

Sie spielen wieder „San Francisco". Mane schließt die Augen und ist hin und weg. Wenn er wieder draußen ist, muss er sich unbedingt diese Schallplatte kaufen. Und einen billigen Schallplattenspieler natürlich dazu, denn noch haben sie keinen.

Plötzlich rasseln von rechts kommend Schlüssel. Als sich auch seine Zellentür öffnet, steht da neben dem Wärter ein grauhaariger Häftling mit einem Bürowagen, auf dem in zwei Etagen Bücher gestapelt sind. „Hier ist der freundliche Bücherservice", sagt er grinsend. „Willst du was lesen? Wir haben alles da: süße Liebesromane, wilde Abenteuergeschichten und Bücher für Intelligenzbestien im Angebot."

Bei dem Begriff ‚süße Romane' hat er mit den Augen vielsagend gezwinkert und Mane ahnt, warum. „Danke", sagt er, „zurzeit ist mir nicht danach zumute und ich habe auch keine Zeit zum Lesen. Vielleicht beim nächsten Mal." Der Grauhaarige nickt verständnisvoll. „Ich weiß, du bist der Schreiber", sagt er und drückt die Tür hinter sich zu.

Montagmorgen hat ‚Schweinchen Dick' wieder eine

Neuigkeit für seine Truppe. „Am Freitagabend haben sie im Fernsehen zum ersten Mal eine Sendung gebracht, in der Verbrecher gejagt werden. Sie heißt „XY - ungelöst“ und soll jeden Monat kommen. Da werden Banküberfälle, Einbrüche bei Juwelieren usw. richtig spannend nachgestellt. Dann werden die Zuschauer in Deutschland, Österreich und der Schweiz gebeten, bei der Aufklärung zu helfen und anzurufen, wenn sie was wissen. Schon am Sonnabend hat man den Ersten geschnappt. Also, wenn ihr wieder draußen seid, lasst die krummen Sachen sein.“

Harro, der Bankräuber, der ja, wenn er wieder draußen ist, sowieso alles viel besser machen will, sagt gelangweilt: „Man muss eben sofort nach Brasilien abhauen. Die liefern einen nicht aus und hier können die dich suchen, bis sie schwarz werden.“

„Mensch, hör bloß auf“, stöhnt Manfred auf, „jetzt an der Copacabana mit einem schönen Mädchen am Strand liegen. Das wär´s! Die Brasilianerinnen sind sowieso die schönsten Frauen der Welt. Und wir sitzen hier und reparieren diese alten Mauken, so ein Mist!“

„Da kann mal wieder sehen“, wirft Heiko höhnisch dazwischen, „wenn du kein Licht am Fahrrad hast, dann halten dich die Bullen sofort an, aber um einen richtigen Profi zu kriegen, brauchen sie die Bevölkerung. Typisch!“

„Aber wenn die da in der Fernsehsendung zeigen, was sie zum Beispiel über einen Banküberfall wissen“, überlegt Harro laut, „dann erkennt man ja auch, was die Polizei noch nicht weiß und kann daran arbeiten, dass die das auch nie raus-kriegt.“

‚Schweinchen Dick' seufzt vernehmlich: „Ich wusste schon immer, dass du schlauer bist, als die Polizei erlaubt. Deswegen liegst du jetzt ja auch an der Copacabana in der Sonne." Harro, der Bankräuber, zieht eine Fratze.

Mit jedem Tag, der vergeht, kommt Mane der Freiheit einen Schritt näher. Er spürt mit seinem ganzen Körper, wie die Zeit verrinnt. Jetzt ist der Oktober schon fast herum.

„Wie lang doch so ein Monat sein kann", schreibt er in seinem zweiten Brief an seine Frau, „könnte ich doch nur einen Zeitsprung über die nächsten 60 Tage machen und dich und die Kleinen in die Arme schließen."

Er weiß nun, wie sich Unfreiheit anfühlt, und denkt in den langen einsamen Nächten darüber nach, wie gleichgültig er eigentlich mit seiner Freiheit umgegangen ist. Gehen, wohin man will, alltägliches, wie Radio hören und Fernsehen, spazieren gehen, Zeitung lesen, Einkaufen oder Autofahren sind wunderbare Dinge, wenn man sie nicht mehr hat.

Und hat man sich nicht oft selbst die Lebensfreude verdorben? Man ärgerte sich über Kleinigkeiten oder war mit den Dingen des Alltags so beschäftigt, dass man die schönen Momente im Leben nicht wahrnahm. Er will dem Spruch „Gesundheit ist nicht alles, aber ohne Gesundheit ist alles nichts" einen weiteren Spruch hinzufügen, nämlich „Freiheit ist alles, denn ohne Freiheit ist alles nichts!"

* * * * *

Das Knast-Geld

Seit zwei Tagen reden Harro, Gerhard, Manfred, Heiko und Albert nur über ein Thema: was sie sich kaufen werden. Denn immer zu Monatsbeginn dürfen die Häftlinge einkaufen. Sie verdienen mit ihrer Arbeit ja ein wenig Geld und viele hatten auch bei ihrer Inhaftierung etwas dabei. Der Stundenlohn beträgt zwar nur 30 Pfennige, aber es reicht für einige Dinge, die den Knast ein bisschen erträglicher machen. Kurz vor dem Monatswechsel, wie heute, am 30. Oktober, füllen die Gefangenen Bestellzettel aus, die von den Wärtern eingesammelt werden. Zwei Tage später dürfen sie dann gruppenweise bei strenger Bewachung ihre Sachen in einem speziellen Raum in Empfang nehmen.

„Denk dran", sagt Gerhard zu Albert, als sie abends auf dem Weg zum Appell sind, „bestelle dir genügend Koffer, denn du schuldest mir noch zwei, die ich dir geliehen habe."

„Keine Angst, die kriegst du schon. Ich glaube, diesmal bestelle ich mir nur Koffer", antwortet Albert lachend.

Fast alle Häftlinge ordern in erster Linie ‚Koffer'. Das ist der Knastausdruck für die berühmten 50-Gramm-Tabak-packungen, von denen es verschiedene Sorten gibt. Dazu gehören natürlich auch die kleinen Packungen mit Zigarettenpapier sowie Streichhölzer. Da während der Arbeit nicht geraucht werden darf, zeigen viele Häftlinge tagsüber in den Werkstätten regelrechte Entzugssymptome. Deshalb wird dann in den Zellen ‚geschmökt, bis der Arzt kommt'.

Mane ist heilfroh, dass er mit dem Rauchen nie angefangen hat und diese Probleme nicht kennt. Was er hier erlebt, festigt seinen Entschluss noch mehr, nie zu rauchen. Und Koffer sind

‚das‘ Zahlungsmittel unter den Gefangenen. Man kennt einen viertel, einen halben und einen ganzen Koffer. Mit dieser Währung wickeln die Häftlinge ihre Geschäfte ab. Mit erlaubten und unerlaubten Dingen wird schwunghafter Handel betrieben. Auch deshalb finden die stichprobenartigen Leibesvisitationen statt.

Gelegentlich versucht immer wieder einer, sein ‚Knastgeld‘ zu vermehren, indem er weiches Schwarzbrot unter den Tabak mischt und mit diesem gestreckten Koffer bezahlt. Mane erlebte einmal, wie so ein gemeines ‚Kameradenschwein‘ auf dem Zellenflur von mehreren Gefangenen fürchterlich verprügelt wurde.

Da kennen die Knastbrüder keine Gnade, denn beim Geld hört auch im Gefängnis die Freundschaft auf.

Neben Tabak werden besonders Süßigkeiten und Drogerieartikel, wie Schokolade, Bonbons, Honig oder Rasierschaum und Seife angeboten. Mane hat deshalb kein Problem, das wenige Geld, das er verdient hat, auszugeben.

Natürlich bezahlen die Gefangenen ihre monatlichen Einkäufe nicht mit Bargeld, denn kein Häftling darf welches besitzen. Mane erinnert sich gut an seine Inhaftierung, als ihm in der höchst unangenehmen Untersuchung alles, wirklich alles abgenommen wurde. Jeder Gefangene hat bei der Gefängnisverwaltung sozusagen ein Kontokorrent-Konto, auf das seine Verdienste zu- und seine Ausgaben abgebucht werden.

Aber Mane hat von Albert gehört, dass trotzdem eine Menge Geldscheine unter den Gefangenen kursieren. Die werden von Besuchern und wer weiß sonst noch wem eingeschmuggelt. Und für einen ‚Lübecker' kriegt man im Knast fast alles! So wird der 50-DM-Schein genannt, weil auf seiner Vorderseite das Holstentor prangt.

* * * * *

Flurhelfer

„Hast du Lust, ab 1. November Flurhelfer zu werden?" Als das ‚Kindergesicht' beim Nachteinschluss diese Frage stellt, weiß er, dass er Mane damit etwas Gutes tut. Denn er lächelt dabei jovial und macht eine einladende Handbewegung.

Mane ist zunächst einige Sekunden sprachlos darüber, dass er überhaupt gefragt wird. Aber dann hat er sofort ja gesagt, denn er weiß, dass Flurhelfer zu sein, einige Vorteile mit sich bringt. Er wird täglich drei Mal dem Essentrupp angehören, sonnabends beim Wäschewechsel mitarbeiten, Reinigungsarbeiten im Zellentrakt erledigen und dem zuständigen Wärter auch für sonstige Aufgaben zur Verfügung stehen. Das Allerwichtigste dabei ist natürlich, dass er so noch öfter seiner Einzelzelle entkommen kann.

Nach zwei Tagen ist es soweit. Als seine Zellentür einige Minuten nach 06.00 Uhr aufgeschlossen wird, steht er schon startbereit davor. Zusammen mit den drei anderen Flurhelfern, die er ja schon gut kennt, geht er in die Halle hinunter, wo für jeden Zellentrakt die Körbe und Kannen mit dem Frühstück bereitstehen.

„Du musst ja einen richtigen Schlag bei den Wärtern haben“, sagt einer der Flurhelfer, „denn sonst nehmen die immer nur solche wie uns, die mehrere Jahre hier sind und ordentliche ‚Muckis‘ haben. Denn manchmal sind die Fressalien verdammt schwer.“

Er taxiert Mane von oben bis unten: „Wird ganz schön anstrengend für dich werden!“

„Kann schon sein“, antwortet Mane entschlossen, „aber ich werde es schaffen. Und wenn ich mir dabei eine Hand abreiße oder einen Bruch hebe!“

„Na, du wirst ja sehen“, sagt der Flurhelfer, „fange heute mal mit der Margarine und der Marmelade an, die da in dem kleineren Korb ist. Du bist dann der Zweite von uns.“

Das war auch schon ganz schön schwer für Mane, aber er lässt sich nichts anmerken.

Sie schleppen die Sachen in das zweite Stockwerk, wo jetzt die Prozedur beginnt. Ein Wärter schließt vor dem Essentross immer drei bis vier Türen auf und ein Wärter hinter dem Tross die Türen wieder ab. Dazwischen gehen die Flurhelfer von Zelle zu Zelle und legen Brot, Margarine, Marmelade usw. in die von den Insassen hingehaltenen Blechschalen. Der letzte Flurhelfer hat die Kannen mit dem Muckefuck-Kaffee.

Schon nach einigen Tagen ist Mane in die Flurhelfer-Gruppe integriert und erlebt, dass es nicht nur Vorteile hat, dazuzugehören. Nicht nur, dass er richtig schwer tragen muss, auch übel gelaunte Häftlinge beschweren sich ständig über den ‚Fraß‘, verspotten und beleidigen sogar die Flurhelfer. Sicher spielt dabei auch Neid eine Rolle.

Einer, der sich wohl besonders stark fühlt, lässt es nicht bei Worten, sondern tritt den mittags an dritter Stelle gehenden

Mane, er ist mit 1,72 Metern der Kleinste der Gruppe, in den Hintern. Das hätte der besser nicht machen sollen. Denn die anderen drei Flurhelfer sind nun wirklich große und kräftige Burschen. Und die Flurhelfer-Truppe hält zusammen.

Als der Essentross abends diese Zellentür erreicht, stellen die beiden vor Mane gehenden Flurhelfer blitzschnell ihre Körbe ab, schubsen den Fußtreter in die Zelle und verprügeln ihn nach Strich und Faden. Danach drücken sie die Zellentür zu.

„Der hat heute Abend keinen Appetit mehr“, sagt einer laut, damit es auch die Wärter hören. Die Wärter, die selbstverständlich alles genau mitbekommen haben, tun so, als hätten sie nichts gesehen. Sie sind augenscheinlich mit dieser Art Selbstjustiz einverstanden.

Mane ist die ganze Sache nicht geheuer, denn der Fußtreter hat ja seinetwegen Prügel bezogen. Und so wie der ihn danach bei jedem Essensgang anblickt, ahnt Mane, dass er mit dem bestimmt noch einmal handfesten Ärger bekommt. Allein die Vorstellung, mit dem mal allein zusammenzutreffen, bereitet ihm ein beklemmendes Gefühl. Und obwohl seine Schustertruppe ihn fast wie Bodyguards beschützt, ist er doch froh, dass der Fußtreter in der Zelle arbeitet und ihm nicht jeden Tag auf dem Weg zur Werkstatt begegnet.

Am Sonnabend duschen die Flurhelfer als Erste, denn danach steht für alle Insassen des Zellenabschnitts der wöchentliche Wäschewechsel bevor. Gewechselt werden diesmal die Strümpfe, die langen Unterhosen, die Unterhemden, das Halstuch sowie das Handtuch.

Mane, als Neuer in der Gruppe, hat natürlich bei der ‚Auslosung' verloren und muss sich um die Unterhosen kümmern. Aber zunächst wird die frische Wäsche in großen Wannen nach oben geholt und entsprechend der Anzahl der Zelleninsassen vor die Zellentüren verteilt. Nach dem Duschen, das im Knast auch ‚Schwanzparade' genannt wird, ziehen die Häftlinge diese an und werfen die schmutzigen Sachen einfach vor die Zellentüre.

Als Mane die ersten Unterhosen sieht, würgt es ihm im Hals! Aber er hat keine Chance. „Da musst du jetzt durch", sagt einer der Flurhelfer grinsend, „denk einfach dabei an was Anderes, was Schönes."

Mane bindet sich ein frisches Halstuch um Mund und Nase und fängt an. Jeweils fünf lange Unterhosen werden gefaltet, aufeinandergelegt und dann zusammengerollt. Bei 70 Gefangenen ergibt das vierzehn Rollen, die in einer großen Zinkwanne verstaut werden. Mane muss mehrere Pausen einlegen und beobachtet dabei, dass es dem Kollegen, der ihm den guten Rat gegeben hat, mit den Unterhemden nicht viel besser geht. Danach ist nur noch Hände waschen angesagt!

Anschließend bohnert und poliert Mane mit einem großen, schweren Bohnerbesen die beiden Flure. Er macht es sehr sorgfältig und lässt sich Zeit, weil er sich nun zum ersten Mal in Ruhe den Gefängnisbau ansehen kann. Die gläserne Zentrale in der Mitte des gewaltigen Atriums ist mit einer Anzahl Telefonen, Schaltern sowie Knöpfen ausgestattet und ist immer mit zwei Wärtern besetzt. Ständig werden einzelne Gefangene oder Gruppen vom Wachpersonal hin- und hergeführt. Auf den Fluren zu beiden Seiten der Zentrale sieht er Wärter, die Briefe und Pakete in die Zellen verteilen.

Bei seinen Beobachtungen fällt Mane auf, dass ein Häftling, er muss so um die fünfzig Jahre alt sein, von einem Wärter alleine zum Duschen geführt wird und anschließend sofort wieder eingeschlossen wird. Er wundert sich darüber, weil sonst immer acht Gefangene zeitgleich duschen.

„Wieso darf der denn alleine duschen?“, erkundigt er sich bei seinem Flurhelfer-Kollegen. Denn er würde nämlich auch am liebsten alleine duschen. Mit anderen nackten Männern, die schon jahrelang im Gefängnis sind, zusammen duschen zu müssen, stört ihn nach wie vor sehr.

„Der darf nicht, der muss alleine duschen“, erklärt der Flurhelfer, „das ist der Kinderschänder aus einer Einzelzelle im dritten Stockwerk, der muss immer alleine duschen, weil sonst die Wärter nicht für seine Gesundheit garantieren können. Kinderschänder sind bei uns hier äußerst verhasst. Deshalb arbeitet dieser Kerl auch in seiner Zelle und verlässt diese so gut wie nie. Selbst beim Hofgang ist er alleine.“

Die Häftlinge sind eine eigenartige, aber in dieser Frage verständliche Solidargemeinschaft. Ihr Ehrenkodex duldet keinen Kinderschänder in ihrer Mitte. Selber sind sie Bankräuber, Totschläger, Erpresser, Drogenhändler, Betrüger oder Diebe, aber den Kinderschänder betrachten sie alle als so widerwärtig, dass er im Gefängnis um sein Leben fürchten muss, wenn sie mit ihm zusammenträfen.

Mane muss an seine Kinder denken und es schaudert ihn. Nein, ein Gnadengesuch würde er für diesen Menschen keinesfalls schreiben!

Jeden Sonnabendmittag gibt es den gehassten ‚Dicken Hund‘. So nennen die Knastologen die Suppe, in der die Reste der Woche zusammengekocht sind. Viele Häftlinge ekeln sich vor ihr und lehnen die Suppe ab. Aber Mane schmeckt sie eigentlich gut, denn er ist in seinem Elternhaus nie verwöhnt worden. „Was, die isst du?“, fragt einer der Flurhelfer. Lakonisch antwortet Mane: „Ich bin Flüchtling, ich esse alles!“

Die Suppenkübel, die sie zu zweit hoch schleppen müssen, sind bleischwer. Mane reißt es tatsächlich fast die Hand ab, aber die Angst, dass er insbesondere auf den Treppen das Gleichgewicht nicht halten kann und sich die heiße Suppe zwei Stockwerke tief nach unten ergießt, verleiht ihm ungeahnte Kräfte. Er hält deshalb den Griff an seiner Kübelseite mit beiden Händen, während der andere Flurhelfer, er ist stark wie ein Büffel, mit einer Hand trägt, in der anderen Hand die Schöpfkelle hält und damit die Suppe austeilt.

Als sie so eine Dreimannzelle am Flurende erreichen, lästern zwei der drei Insassen über den ‚Dicken Hund‘ fürchterlich und drehen sich angeekelt weg. Als aber der dritte Häftling Anstalten macht, in den Kübel zu spucken, nimmt der Flurhelferkollege eine Kelle heiße Suppe und knallt ihm diese ‚an den Latz‘. Schreiend und fluchend stürzt dieser in die Zelle zurück. Beim Abschließen der Zellentür sagt der Wärter, der das mit angesehen hat, nur: „Na, hat´s euch geschmeckt?“

Mane ist heilfroh, dass sein Kübel nach dem Ausgeben nur noch halb voll ist und so das Runtertragen kein Problem mehr darstellt.

An diesem Sonnabend beobachtet Mane auch, dass neun ober zehn Männer in Privatkleidung von drei Wärtern durch die Halle zum Hofgang geführt werden. Einige sind leger mit

Strickjacken und Pullovern bekleidet, andere tragen Jacketts und einer trägt sogar einen dunkelblauen Nadelstreifenanzug, aber mit offenem, weißen Hemd und ohne Krawatte. Sie kommen aus Zellen in dem Gefängnisflügel, an den sich der Verwaltungstrakt unmittelbar anschließt.

„Was sind das denn für welche?“, will Mane von einem Flurhelferkollegen wissen.

„Das sind die Untersuchungshäftlinge. Die glauben noch, dass sie was Besseres sind, weil sie noch nicht verurteilt sind und deshalb noch nicht unsere Kluft an haben. Dabei haben die meisten von denen eine hohe Strafe zu erwarten. Einer von ihnen soll der bekannte Geschäftsmann aus Hamburg sein, der seine Bank um Millionen betrogen hat.“

Als die Gruppe unten vorbeigeht, lehnt sich Mane über das Geländer und betrachtet die Männer genau. Da hört er, wie der im dunkelblauen Nadelstreifenanzug zu seinem Nachbarn sagt:

„Mir können die sowieso nichts nachweisen. Ich hab alles auf einem Schweizer Bankkonto. In der nächsten Woche holt mein Anwalt mich hier gegen eine Kaution raus.
Und wenn ich dann vom Gericht freigesprochen worden bin, verlange ich für diese Schweinerei noch eine gehörige Haftentschädigung.“

Mane ahnt, das ist bestimmt der Geschäftsmann, der krumme Geschäfte gemacht hat und denkt dabei an den Spruch, den sein Schulfreund, der Schlosser gelernt hat, immer sagte: „Überdrehe niemals eine Sache, denn nach fest kommt ab!“

Im Vergleich zu den Menschen in privater Kleidung sehen die Häftlinge mit ihrer einheitlichen Gefängniskluft aus, als kämen sie direkt von der chinesischen Kulturrevolution. Dunkelblaue Hose und dunkelblaue Jacke mit Stehkragen!

Abends, beim letzten Kontrollgang des diensthabenden Wärters reicht ihm sein ‚Flurhelfer-Kollege' eine ganze Rolle Toilettenpapier herein. „Irgendetwas müssen wir ja auch davon haben. Aber leg die Rolle in deinen Schrank, muss ja nicht gleich jeder sehen", sagt er verschmitzt.

Nicht mehr nur fünf Blatt! Diesen Vorteil, den er als Flurhelfer jetzt hat, schätzt Mane ganz besonders. Über seine Freude muss er selbst schmunzeln und er nimmt sich vor, wenn er wieder draußen ist, sein Leben lang immer mehr als genug Toilettenpapier im Haus zu haben.

* * * * *

Schleichende Angst

An diesem Abend schreibt Mane wieder ein Gnadengesuch. Es ist für Herbert, einem schlanken, blassen Mitgefangenen aus der Wäscherei, mit dem er sich in den letzten Tagen einige Male in der Werkstatt unterhalten hat.

Herbert hat von seiner sechsjährigen Strafe schon dreieinhalb Jahre verbüßt. Er hat in seinem Leben viel Pech gehabt. Seine Eltern starben bei einem Autounfall, als er gerade zwölf Jahre alt war. Von da an lebte er in der Familie seines Onkels, in der er überhaupt nicht zurechtkam. Kaum von der Bundeswehr zurück, heiratete er mit einundzwanzig Jahren seine Jugendliebe Marion und zog in eine andere Stadt. Zwei Jahre später kam es dann knüppelhart. Marion erkrankte an Leukämie und starb im Jahr darauf. Herbert wurde damit einfach nicht fertig. Er fing zu trinken an, verlor erst seinen Führerschein und dann seine Arbeit. Nach einem Trinkgelage in der Wohnung eines Freundes schnappte er sich dessen Autoschlüssel und fuhr mit dem Auto davon. An einer großen Kreuzung verlor er die Gewalt über das Fahrzeug, raste über eine Verkehrsinsel und verletzte dabei einen Familienvater tödlich. Das Gericht kannte verständlicherweise kein Pardon.

Zum Schluss des Gesuches schreibt Mane, dass Herbert das Geschehene zutiefst bereut. Nach seiner Entlassung will er sich den Guttemplern anschließen und dem zerstörerischen Alkohol völlig entsagen. Er will in die Gesellschaft zurückfinden, wieder seinen Beruf ausüben und irgendwann vielleicht wieder eine Familie haben.

„Da haben wir es wieder“, sagt Mane zu sich selbst, „eigentlich ein netter, zurückhaltender Mann, der durch eine Verkettung von unglücklichen Lebensumständen aus der Bahn geworfen wurde und nun auf der Schattenseite des Lebens steht. Hoffentlich schafft er eine Wende in seinem Leben!“

Als das Licht ausgeht, liegen wieder acht lange Stunden vor ihm. Seine Gedanken kreisen um seine Familie und er macht sich Sorgen, ob das gesparte Geld für drei Monate ausreicht. Er weiß, dass Beate gut wirtschaften kann und sicherlich spart, wo sie nur kann. Aber an Feuerung soll sie nicht sparen, denn die beiden Kleinen brauchen eine warme Stube!

Mane liegt lange wach. Existenzangst beginnt ihn zu quälen. Wie geht es im Berufsleben weiter? Mane hat zwar für drei Monate unbezahlten Urlaub bekommen, aber wie wird man mit ihm als ehemaligen Strafgefangenen umgehen? Sein Arbeitgeber, die Krankenkasse, hatte seine Gewissensentscheidung zwar respektiert und ihm trotz seiner ‚mehrmonatigen unfreiwilligen Abwesenheit' nicht gekündigt, aber gleichzeitig auch deutlich gemacht, dass, sollte sich diese Situation in nächster Zeit wiederholen, er mit Konsequenzen, sprich Entlassung, rechnen müsse.

Mane hat deshalb die Sorge, dass das Bundesverwaltungsamt ihn nach Verbüßen dieser Strafe noch einmal zum Grundersatzdienst einberuft, er wieder nicht Folge leistet und ein zweites Mal mit Gefängnis bestraft wird. Nach seinem Rechtsempfinden geht das eigentlich nicht, denn in Deutschland darf man doch wegen eines Vergehens nicht zweimal bestraft werden. Und bei seiner Gewissensentscheidung handelt es sich um eine einmalige, grundsätzliche Festlegung.

Wenn er dann endlich eingeschlafen ist, quält ihn seit Tagen immer ein und derselbe Traum: Er wird in einem großen, dunklen Gebäude von irgendjemand, dessen Gesicht er nicht erkennen kann, verfolgt und will ins Freie gelangen. Er läuft durch lange Flure, öffnet Türen, hetzt über Treppen nach oben und nach unten, aber er findet keinen Ausgang. Fenster gibt es nicht. Er kommt einfach nicht raus! Die Bedrohung hinter ihm steigt von Sekunde zu Sekunde und nähert sich mit einem unheimlichen, fauchenden Geräusch. Und jedes Mal, wenn er sich dann, in die Enge getrieben und atemlos, zu seinem Verfolger umdreht, wacht er schweißgebadet auf und braucht einige Minuten, um zu realisieren, wo er ist.

Er liegt dann wieder lange wach und versucht die Angst zu verdrängen, die der Albtraum in ihm entfacht hat. Warum nur durchlebt er Nacht für Nacht diese ausweglose und bedrohliche Situation? Es ist wohl die tief in ihm sitzende Angst, dass sich das Gefängnistor nie mehr für ihn öffnen könnte. Mane weiß, er muss aufpassen, dass sich diese Angst nicht zu einer Psychose steigert.

Am nächsten Morgen beim Appell steckt Mane Herbert das gefaltete Stück Packpapier mit dem Entwurf seines Gnadengesuchs zu. Auch Herbert will ihm etwas zustecken, nämlich einen halben ‚Koffer', den er aus seiner Zelle mitgebracht hat. Aber Mane lehnt dankend ab, denn erstens raucht er nicht, zweitens will er mit seinen Entwürfen keine Geschäfte machen und drittens auch nicht das Vertrauen der Wärter hintergehen.

Schon einige Male wollten Mitgefangene sich bei ihm auf diese Art erkenntlich zeigen und boten ihm neben Koffern auch Schokolade sowie andere Süßigkeiten an. Obwohl Mane ja seit einiger Zeit nicht mehr mit Leibesvisitationen rechnen muss, will er es nicht darauf ankommen lassen. Und er würde sich auch zu Tode schämen, sollten die Wärter doch durch einen Zufall feststellen, dass er ihr Vertrauen missbraucht hat.

Nur die Schusterei-Truppe ärgert das. „Mensch, nimm das Zeug doch an", sagt Harro, „die erwischen dich schon nicht. Und wenn du das Zeug nicht haben willst, dann gib es uns. Wir rauchen doch alle und das süße Zeug fressen wir auch!"

„Ihr wisst genau, warum ich das nicht tue", erwidert Mane, „aber beim nächsten Einkauf kriegt ihr drei Koffer von mir. Welche Sorte raucht ihr denn?"

Zufriedenes Grinsen auf allen Gesichtern.

In der Schusterwerkstatt geht sonst alles seinen gewohnten Gang. Mane ist richtig froh, dieser kleinen Arbeitseinheit anzugehören. Harro, der Bankräuber, Gerhard, der Sexualtäter, Manfred, der Schläger, Heiko, der Drogenhändler und Albert, der Totschläger, sind ein eingespieltes Team.

Und jedes Mal, wenn die Mithäftlinge aus der Kleiderkammer ihre großen Wannen mit alten ‚Mauken' in der Mitte der Schusterei ausgekippt haben und ‚Schweinchen Dick' aufmunternd in die Runde blickt, ist es wieder soweit. Auf allen Gesichtern ist zu lesen: „Warmes Weißbrot". Dann wird gehämmert, geklebt, geschliffen und poliert, was das Zeug hält. Harro und Albert, die Organisierer, laden ihre Schürzen voll und ab geht es. An diese duftenden, unvergleichlichen ‚Brotzeiten' wird sich Mane sein Leben lang erinnern.

Manchmal gegen Abend schlagen Harro, Gerhard, Manfred, Heiko und Albert mit ihren Hämmern auf Stiefelsohlen und Arbeitsbrettern im Takt herum, dass es sich wie das Solo eines Trommlers in einer Big Band anhört, und singen alte Schlager oder Seemannslieder dazu.

„Komm, mach mit", ruft Albert zu Mane herüber, „wir sind doch hier ein richtiger Shanty-Chor. Siehst du, selbst ‚Schweinchen Dick' singt mit."

„Ihr seid wirklich grandios", antwortet Mane lachend, „aber ich glaube, ich bin noch im Stimmbruch." Er ist ein wenig verlegen, weil er erstens viele Lieder nicht kennt und ihm zweitens manch obszöner Text die Schamröte ins Gesicht treibt. Zwischen den Liedern lacht die Bande wie eine Kinderschar und kann sich gar nicht mehr einkriegen. Man sieht ihnen an, dass sie sich für ein paar Minuten frei fühlen.

Bei seiner Arbeit als Flurhelfer sieht Mane, dass längst nicht alle Häftlinge in Werkstätten arbeiten. Eine ganz Reihe von ihnen müssen auch tagsüber in ihren Zellen bleiben und dort arbeiten. Einige malen mit Nitro-Farbe kleine Holzfiguren an, einige knüpfen Fußmatten oder nähen Fußbälle. Es sind die schwarz-weißen Bundesliga-Fußbälle, die draußen über einhundert Mark kosten. Mane sieht jetzt, dass die innen liegenden Nähte dieser Bälle mit gewachsten Fäden von starken Männerhänden geschnürt und verknotet werden. Diese Handarbeit wäre ohne die billigen Stundenlöhne der Strafgefangenen nicht bezahlbar. Ob die Profis von den großen Vereinen eigentlich wissen, wer die Bälle vor ihnen in der Hand hatte?

* * * * *

Der erste Besuch

Seit drei Tagen ist Mane aufgewühlt und kann kaum schlafen. Tagsüber in der Werkstatt ist er stiller als sonst und in sich gekehrt.

„Was ist los mit dir?“, will die rheinische Frohnatur Albert wissen, dem augenscheinlich die Unterhaltungen mit Mane fehlen.

„Albert, lass ihn in Ruhe“, geht Harro dazwischen, „seine Alte kommt ihn demnächst besuchen und das geht unserem Kleinen wohl an die Nieren.“

Und so ist es. Beate hat geschrieben, dass sie ihn am kommenden Mittwochnachmittag zum ersten Mal im Gefängnis besuchen kann. Es ist der 08. November und Mane ist dann schon fünfeinhalb Wochen inhaftiert. Sie kommt allein, denn die Kinder dürfen nicht in das Strafgefängnis.

Am Besuchstag ist Mane blass und fahrig. Er hat überhaupt nicht geschlafen und essen kann er auch nichts. Natürlich freut er sich ungemein, seine Frau zu sehen und von Angesicht zu Angesicht zu erfahren, wie es ihr und den kleinen Mädchen geht. Andererseits weiß er schon jetzt, dass er danach in ein großes, schwarzes Loch fallen wird.

Als der Besuchstermin gekommen ist, geht ‚Schweinchen-Dick' mit Mane in den Verwaltungstrakt. Er führt ihn in einen kleinen Raum, in dessen Mitte ein Tisch mit zwei Stühlen steht, und kehrt in die Schusterei zurück. Nach einigen Minuten öffnet sich die Tür und Beate kommt in Begleitung eines Wärters, den er noch nie gesehen hat, herein. Beim Anblick seiner Frau schlägt es Mane in den Magen, es würgt ihn im Hals und sein Herz schlägt zum Zerspringen! Mit ihrer Kurzhaarfrisur und dem kleinkarierten, dunkelgrauen Kostüm sieht sie einfach umwerfend aus!

Der Wärter weist Mane an, sich auf einen Stuhl zu setzen und platziert seine Frau auf die gegenüberliegende Seite des Tisches. Dann setzt er sich seitlich an der Zimmerwand auf einen Stuhl, damit er alles genau im Blick hat und sagt, dass sie jetzt dreißig Minuten Zeit hätten.

Mane und Beate reichen sich in der Mitte des Tisches die Hände. Beide haben Tränen in den Augen. Ein, zwei Minuten sitzen sie so schweigend da. „Du siehst blass und schmal aus", sagt Beate leise, „du hast abgenommen, nicht wahr?"

„Ja, aber das muss auch so sein, denn das Essen schmeckt mir wohl erst wieder, wenn ich bei dir bin.“

Und dann sprudelt es endlich aus Mane und Beate heraus. Da ein Zuhörer dabei ist, können sie sich vieles, was sie sagen wollten, nicht sagen. Dafür sagen ihre Augen und ihre Gesichter alles. Sie drücken und streicheln einander die Hände, sprechen über die Kinder und darüber, wie sie sich selbst fühlen, denn in zwei Tagen, am 10. November, haben sie ihren zweiten Hochzeitstag. Dass das gesparte Geld sicher reichen wird und Beate mit den Kindern gut zurechtkommt, beruhigt Mane sehr.

Einerseits ist er glücklich, wie mutig seine junge Frau mit der Situation umgeht, andererseits krampft sich in ihm alles zusammen, je näher das Ende der Besuchszeit kommt. Von seinen Nierenproblemen erwähnt er kein Wort, denn Beate soll sich darüber keine Sorgen machen.

„Sieh mal“, sagt sie leise und drückt seine Hände zum Abschied noch fester, „Anfang Dezember komme ich noch einmal wieder, und wenn wir Glück haben, kommst du vielleicht schon kurz vor Weihnachten heraus, denn ich habe gehört, dass es eine Amnestie für die gibt, die sonst kurz nach Weihnachten rauskämen. Bis dahin schreibe ich dir noch viele Briefe.“

Mane nickt stumm mit dem Kopf. Er könnte noch soviel sagen, aber irgendwie versagt seine Stimme. „Ich liebe dich und passe auf Mirjam und Steffi auf“, kommt nur noch über seine Lippen.

Dann ist die Zeit um, der Wärter erhebt sich vom Stuhl und Beate muss gehen. Sie winkt noch kurz, bevor der Wärter mit ihr den Raum verlässt. Mane sitzt mit gesenktem Kopf am

Tisch. Noch fast zwei Monate!

Es dauert noch etwa zehn Minuten, bis ‚Schweinchen Dick' wieder den Raum betritt. Mane trocknet sich mit dem Halstuch die Tränen und beide gehen wortlos zurück.

In der Schusterwerkstatt herrscht gespannte Stille, als die beiden wieder hereinkommen. Alle sehen Mane an, dass er geheult hat, aber keiner macht die sonst unter den Gefangenen üblichen derben Witze oder Bemerkungen. Ganz im Gegenteil, nachdem langsam der alte Geräuschpegel zurückgekehrt ist, steht Albert auf und legt Mane die Hand auf die Schulter.

„Eines weiß ich bestimmt", sagt er, „deine Frau liebt dich. Mach dir nicht so viel Sorgen!" Erst jetzt heult Mane richtig los.

*****

Zwei Plomben und ein Messer

Die nächsten Tage vergehen wie in Zeitlupe. Tagsüber in der Schusterei hat er Ablenkung und die Arbeit macht ihm mittlerweile richtig Spaß. Aus alten, abgerissenen ‚Mauken' wieder verwendbare Stiefel zu machen, hat sogar etwas Kreatives an sich. Der Geruch von Gummi, Leder und Kleber wirkt wie eine Beruhigungspille auf Mane. Natürlich trägt auch die Schusterei-Truppe dazu bei, die Traurigkeit tagsüber zu zerstreuen. Wie an diesem Vormittag.

Manfred, der Fischschlächter, hatte seit Tagen starke Zahnschmerzen. Heute hat er bei dem Zahnarzt, der an bestimmten Tagen im Gefängnis praktiziert, einen Termin.

„Ich sage dem gleich beim Reinkommen, das er mir die Gammeldinger rausziehen soll und dann ist es gut. Hab schon ganz anderes erlebt. Plombieren kann er sich sparen und so ein langwieriger Firlefanz wie Wurzelbehandlung kommt bei mir sowieso nicht infrage." Manfred grinst wild entschlossen, als er mit ‚Schweinchen Dick' abstiefelt.

In der Zwischenzeit versorgen Harro und Albert wieder die Bäckerei-Freunde mit Schuhen bester Qualität und kommen mit zwei noch warmen Weißbroten belohnt wieder zurück.

Als Manfred wieder die Schusterei betritt, ist er im Gesicht doch recht blass und spuckt ein wenig Blut aus. Aber das wundervoll duftende Weißbrot riecht er sofort.

„Scheiße, Scheiße", flucht er, „der Tierquäler hat mir zwei Backenzähne gezogen und zwei Stück plombiert. Ich soll jetzt zwei Stunden nichts essen. So ein Mist!"

Als aber die anderen anfangen, das noch warme Weißbrot zu essen, hält er es nicht mehr aus. „Scheiß egal, jetzt wird gegessen", sagt er und haut rein. Nach dem dritten oder vierten Bissen fummelt er plötzlich in seinem Mund herum, holt ein Stück Weißbrot heraus und zeigt strahlend auf die beiden Plomben, die sich dunkel im Weißbrot abheben. Minutenlanges Gelächter ist die Folge.

Als Flurhelfer begegnet Mane auch neuen Häftlingen und kann sich immer gut vorstellen, wie sich solche fühlen, die zum ersten Mal im Gefängnis sind. Man erkennt sie daran, dass sie verunsichert wirken und den Essentross wortlos passieren lassen.

Schließlich hat er selbst am ersten Abend so dagestanden.

Es gibt aber auch andere, die sich benehmen, als wären sie zu Hause, sich sofort über alles beschweren oder gleich nach dem Bücherwagen fragen. Wie der gestern Abend. Ein Typ wie ein Rausschmeißer und ein Großmaul dazu.

„Was, mehr habt ihr nicht zu bieten? Noch immer der gleiche Fraß, von dem man nicht satt wird! Den Scheiß könnt ihr behalten, da hungere ich lieber bis morgen. Verdammter Mist!“, brüllt er und wirft Teller und Becher auf das Bett.

„Dann verhungere doch, du Arsch“, entgegnet einer der vor Mane gehenden Flurhelfer und knallt die Zellentüre zu. Dass sie mit dem noch Ärger kriegen werden, ahnen alle.

Abends nach dem Einschließen sitzt Mane fast regelmäßig am Tisch und entwirft, bis das funzelige Licht ausgeht, auf dem braunen Packpapier aus der Schusterei Gnadengesuche oder schon den nächsten Brief an seine Frau. Denn Beate schreibt ihm fast wöchentlich einen mehrseitigen Brief und Mane möchte zu vielen Dingen, die zu Hause passieren, etwas sagen. So hat Beate ihm geschrieben, dass sie so sparsam ist, dass das gesparte Geld vielleicht noch für eine kleine Waschmaschine reichen könnte. Dann müsste sie nicht ständig die grob gesäuberten Windeln in einem Kessel auf dem Küchenherd kochen und waschen, was für sie sehr anstrengend ist. Er schreibt ihr zurück, dass das eine gute Idee ist und dass er, wenn er wieder da ist, noch eine Schleuder dazu kaufen wird.

Im nächsten Brief schreibt Beate, dass sie jetzt im November jeden Tag die Kachelöfen im Kinder- und Wohnzimmer heizen muss, damit die Kleinen nicht frieren. Mane ist froh, dass er für genügend Kohlen im Keller gesorgt hat, aber dass Beate nun die Kohleneimer schleppen muss, ärgert ihn. Deshalb nimmt er sich vor, im nächsten Sommer die Kachelöfen abzureißen und durch zwei moderne Ölöfen zu ersetzen. Erstens ist Öl billiger und zweitens fällt dann keine Asche mehr an, die täglich zum Mülleimer gebracht werden muss.

Beates Briefe verwahrt er in dem kleinen Hängeschrank über dem Tisch. Für ihn ist der Stapel Briefe wertvoll wie ein Schatz. Jeden Abend kontrolliert er die Vollzähligkeit der Briefe und überprüft, ob der Briefstapel auch nicht berührt wurde, denn er weiß ja nicht, wer während seiner Abwesenheit die Zelle betritt. Immer wieder berichten Häftlinge, dass tagsüber, wenn sie zur Arbeit sind, ihre Zelle ‚durchwühlt' wurde. Mane ist klar, dass die Wärter in unregelmäßigen Abständen solche Überprüfungen machen. Aber denen traut er eigentlich nichts Unrechtes zu.

Über die Geschichte eines Mitgefangenen kann man eigentlich nur den Kopf schütteln. Er heißt Hans, arbeitet in seiner Zelle und näht die berühmten Bundesliga-Fußbälle. Schon zweimal hat er sich während des Hofgangs zu Mane gesellt, ist mit ihm im Kreis gegangen und hat wie ein Wasserfall erzählt.

Hans ist bereits 55 Jahre alt, verheiratet und hat zwei erwachsene Kinder. Er könnte vom Alter her leicht auch sein Vater sein. Aber Mane hat den Eindruck, dass Hans nie richtig erwachsen geworden ist, sonst hätte er merken müssen, was seine beiden früheren Schulfreunde mit ihm vorhatten. Während er als Maurer regelmäßig Geld für seine Familie verdiente, lebten die Zwei von Diebstählen, Raubüberfällen und Erpressungen.

Aber das wusste Hans nicht, als diese ihn in der Vorweihnachtszeit um ein Gefallen baten. Denn Hans hatte sich einen neuen Opel Manta, auch ‚Maurer-Porsche' genannt, zugelegt. Sein ganzer Stolz! Er sollte genau um 18.00 Uhr mit seinem Flitzer vor einem Kaufhaus in der Innenstadt auf sie warten, weil sie was zu ‚transportieren' hätten. Als die beiden dann nur mit einer Aktentasche in der Hand herausgerannt kamen, in sein Auto sprangen und ihn aufforderten, schnell davonzufahren, dämmerte es Hans langsam. Am Stadtrand stellte die Polizei sie. Er bekam wegen Beteiligung an einer räuberischen Erpressung drei Jahre Gefängnis. Seine Version, dass er wirklich nicht wusste, was das für Burschen inzwischen geworden waren und was sie mit ihm vorhatten, glaubte nicht einmal sein Verteidiger. Nun hat er teuflische Angst, dass seine Frau sich von ihm scheiden lässt. Völlig resigniert wiederholt er immer wieder: „Auto weg, Frau weg, alles weg!"

„Hans, eigentlich müsstest du wegen Blödheit mildernde Umstände kriegen", sagt Mane kopfschüttelnd, „du hast diese beiden Banditen lange nicht gesehen, fragst nicht danach, was die so beruflich machen und lässt dich wie ein Kleinkind einwickeln. Wenn das stimmt, was du mir hier erzählst, ist das kam zu glauben."

„Ja, ich weiß", sagt Hans mit kraftloser Stimme, „aber schreib mir bitte trotzdem ein Gnadengesuch. Irgendwann muss ich ja auch mal wieder Glück haben."

Ende November geht es Mane zusehends besser, denn es hat sich unter den Insassen herumgesprochen, dass es möglicherweise tatsächlich eine ‚Weihnachtsamnestie' geben wird. Das bedeutet, dass alle Gefangenen, deren Strafen offiziell nur noch bis zum Ende der ersten Januarwoche 1968 andauern, schon kurz vor Weihnachten entlassen werden. Das wären ja nicht einmal mehr vier Wochen! Bei diesem Gedanken kribbelt es Mane in der Magengegend. Und damit die Amnestie auch wirklich für ihn gilt, nimmt er sich vor, keine Fehler zu machen, die seine vorzeitige Entlassung verhindern könnten.

Und Mane macht aus Hilfsbereitschaft fast einen schlimmen Fehler.

Am Freitagabend, es ist der 24. November, stehen die Häftlinge aus den Werkstätten in der großen Halle beim Vollzähligkeits-Appell in Reih und Glied. Plötzlich fällt einem Gefangenen aus der Tischlerei-Gruppe ein im Hosenbund steckendes Messer klirrend zu Boden und schlittert Mane direkt vor die Füße. Er bückt sich reflexartig blitzschnell und steckt das Messer unter die Jacke. Aber die Wärter haben das laute Klirren gehört und nun müssen alle Häftlinge aus diesem Abschnitt zur Leibesvisitation. Sogar der vorgesetzte Wärter aus der Zentrale eilt herbei. Mane rutscht das Herz in die Hose. Wohin so schnell mit dem Messer? Kein anderer will es natürlich haben.

Als Mane an der Reihe ist, sich auszuziehen, winkt der Vollzugbeamte aus der Zentrale ihn zu sich heran.

„Ist in Ordnung, wir wissen, was du unter deinem Hemd hast. Geh schon mal zu anderen“, sagt er.

Mane lässt sich nicht anmerken, wie erleichtert er ist. Was hätte dieser Mensch, der ihm so viel Vertrauen entgegenbrachte, nur von ihm gedacht! Und wie hätte er ihm seine reflexartige Handlung erklären sollen? Der Kriegsdienstverweigerer, Schreiber von Gnadengesuchen und

Flurhelfer mit einem fast 30 cm langen Messer im Hosenbund! Vor Scham wird Mane noch im Nachhinein rot im Gesicht.

Er nimmt das Messer mit in die Zelle und gibt es am Montagmorgen Harro, der es in der großen Werkzeugkiste der Schusterei verschwinden lässt.

„Der Bursche weiß bestimmt, wie viel Ärger du ihm erspart hast“, knurrt Harro, „wenn wir herauskriegen, wer das war, sind eine Menge Koffer fällig.“

Aus Schabernack diskutieren die fünf Männer noch eine Weile darüber, was die Wärter wohl mit ihm gemacht hätten, wenn sie das Messer bei ihm gefunden hätten. „Deine Weihnachtsamnestie wäre wohl im Arsch gewesen und den Flurhelfer hättest du dir auch abschminken können“, lästert Gerhard und Mane fasst sich immer wieder an den Kopf.

„Seid man froh, dass ihr hier warm und vor allem trocken sitzt“, sagt ‚Schweinchen Dick‘, als er in die Werkstatt hereinkommt, „am Wochenende hat es in Portugal eine schlimme Überschwemmungskatastrophe gegeben. Allein in Lissabon sind fast 1000 Menschen ertrunken!“

„Na und“, sagt Gerhard, der Sexualtäter, „schade, dass wir hier so was nicht haben. Bei dem ganzen Durcheinander könnten wir bestimmt abhauen und schwimmen kann ich gut!“

Während die anderen beifällig lachen, schüttelt ‚Schweinchen Dick‘ mit dem Kopf. Er hatte wohl geglaubt, so ein Unglück beeindruckt die Bande.

Die Sache mit dem Messer lässt Harro keine Ruhe, denn er weiß, dass da was zu holen ist, wenn er den Burschen herauskriegt. Und nach zwei Tagen intensiven ‚Herumhörens‘

weiß er, wer das war. „Natürlich war das einer aus der Tischlerei, denn nur die haben solche Messer. Sie nennen ihn ‚Mecki Messer', weil er einen abgestochen hat", berichtet er der Schusterei-Truppe, „und der wollte das Messer in seine Dreimannzelle schmuggeln, um sich damit gegen die anderen beiden verteidigen zu können. Die streiten sich da nämlich oft. Ich hab ihm gesagt, dass das mit dem Messer drei Koffer ‚Virginia' kostet. Und dass er den Antrag stellen soll, in eine andere Zelle verlegt zu werden."

Tatsächlich rückt ‚Mecki Messer' beim nächsten morgendlichen Appell drei Koffer ‚Virginia' heraus und die Raucher in der Schusterei sind sehr zufrieden.

* * * * *

Flurarbeit und der englische Brief

Als Flurhelfer genießt Mane an den Sonnabenden die Zeit auf den Fluren. An das Zusammenwickeln der langen Unterhosen von 70 Gefangenen aber kann er sich nicht gewöhnen. Der ‚Zustand' der Exemplare ist so, als hätten Säuglinge und gleichzeitig pubertierende Jugendliche sie getragen. Es kostet ihm jedes Mal starke Überwindung und hinterher ist er sich immer sicher, dass ihn nichts, aber auch nichts mehr auf der Welt erschüttern kann.

Beim Bohnern der Flurböden schaut er oft über das Geländer, zwei Stockwerke nach unten und eines nach oben. Zwischen den sich gegenüber liegenden Fluren eines

Zellentraktes gibt es keine Abspannungen, keine Drahtnetze. Es geht im freien Fall nach unten bis auf den gebohnerten Betonboden des Erdgeschosses, das die Häftlinge auch ‚Halle' nennen.

„Beug dich mal nicht so weit über das Geländer", warnt ein Flurhelferkollege, „sonst hebt dich einer wie der Fußtreter von hinten kurz an und ruft ‚Zentrale ein Blitzabgang'. Wir haben so was schon einmal gehabt." Mane weicht unwillkürlich einen Schritt zurück. Auf den Betonboden aufzuschlagen, kann kein Mensch überleben.

„War das wirklich so?", will er wissen.

„Ja, und es war todernst", antwortet der Kollege, „hier über uns, im Dritten, hatten sich die Insassen von zwei Dreimannzellen bekriegt. Irgendwie hatten die sich gegenseitig mit Koffern beschissen. Und eines Morgens auf dem Weg zum Appell fiel einer von denen, unter den Rufen ‚Zentrale, da kommt ein Blitzabgang' von oben nach unten in die Halle und blieb schwer verletzt liegen. Eigentlich wissen wir gar nicht, ob der überhaupt durchgekommen ist. Die anderen fünf wurden sofort auseinandergelegt und zwei von denen sollen einen gefährlichen ‚Nachschlag' bekommen haben."

Unter Nachschlag verstehen die Häftlinge eine sich an die jetzige Strafzeit anschließende Gefängnisstrafe aufgrund einer weiteren Verurteilung wegen anderer Delikte.

Mane hat an den Sonnabenden mittlerweile mitgekriegt, dass auch Heiko, sein geschminkter Schusterkollege, der in einer Einzelzelle im ersten Stockwerk einsitzt, alleine duscht. Mane ahnt, warum.

„Wenn der mit seinen Titten und dem Frauenarsch mit anderen zusammen duschen würde, müssten die Wärter mit kaltem Wasser aus einem Feuerwehrschlauch dazwischen gehen!“, bringt es einer der Flurhelfer drastisch auf den Punkt.

„Ja, dann ist es wirklich besser, dass die Wärter das so machen“, stimmt Mane zu und denkt daran, wie unwohl er sich schon jedes Mal beim Duschen fühlt.

An den Sonntagnachmittagen sitzt Mane regelmäßig ganz still auf seinem Hocker und lauscht der leisen Musik, die immer für zwei Stunden zu hören ist. Dabei entwirft er, wie könnte es anders sein, ein Gnadengesuch.

Diesmal ist es für Heinz aus der Bäckerei. Er ist zweiunddreißig Jahre alt und wirklich von Beruf Bäcker. Er hat von seinen dreieinhalb Jahren wegen schwerer Körperverletzung mit Todesfolge zweieinhalb abgesessen. Seine Geschichte ist eigentlich ganz einfach. Heinz ist ein Einzelgänger und wohnt in einer kleinen Wohnung. Neben seiner Arbeit war an Wochenenden seine Stammkneipe das wichtigste im Leben.

Eines Abends kam da so ein Klugschnacker rein, den er vorher noch nie in seiner Kneipe gesehen hatte. Heinz mag keine Besserwisser. So gab ein Wort das andere, bis es Heinz, der schon ordentlich einen genommen hatte, zu bunt wurde. Er langte dem Burschen eine, sodass der vom Barhocker fiel. Man muss aber dazu wissen: Heinz war als junger Mann im Boxverein gewesen und dort sehr erfolgreich. In der Gerichtsverhandlung wirkte dieser Umstand erschwerend, denn Heinz hätte wissen müssen, dass seine Fäuste eine Waffe waren. Seine 2,7 Promille Blutalkohol wirkten dagegen strafmildernd und so kam er mit dreieinhalb Jahren davon.

Bei der Bitte um vorzeitige Entlassung stellt Mane natürlich heraus, dass Heinz sein Verhalten sehr bedauert und er künftig dem Alkohol entsagen wird, da er die enthemmende Wirkung kennengelernt hat. Sein größter Wunsch ist es, nach seiner Entlassung ein friedliches, gesetzeskonformes Leben zu führen.

Als Mane fertig ist, lauscht er wieder ausschließlich der leisen Musik und ist in Gedanken weit weg. Er denkt an seine Familie und stellt sich immer wieder vor, wie wunderbar der Tag seiner Entlassung sein wird. Er nimmt sich vor, die Freiheit künftig bewusster zu leben und sich nicht mehr über ‚jeden Schiet und Dreck' zu ärgern.

Neben „San Francisco" ist jetzt auch ständig das neue Lied „Massachusetts" von den Bee Gees zu hören. Auch dieser Ohrwurm wird für Mane immer eine besondere Bedeutung haben!

In dieser Woche hat ‚Kindergesicht' die Spätschicht und dreht mit einem Flurhelfer die Einschlussrunde. Als er am Dienstagabend Manes Zellentür aufschließt, hält einen Briefumschlag in der Hand. „Du kannst bestimmt Englisch", sagt er, „und dem Lothar aus der Dreimannzelle gegenüber einen großen Gefallen tun. Du weißt, Lothar ist der, der in seiner Zelle die Holzfiguren anmalt. Nun hat der von einem Verwandten aus Amerika, der nur Englisch spricht, Post bekommen und kann den Brief nicht lesen. Übersetze ihn doch mal. Morgen bring ich ihn dann Lothar zurück."

„Ich habe nur ein paar Jahre Englisch in der Schule gehabt und das richtige Umgangsenglisch ist schwer zu übersetzen“, gibt Mane zu bedenken, „aber gut, ich will es versuchen, so gut es geht.“

„Das ist wieder typisch ‚Kindergesicht‘, sagt Mane zu sich selbst, „kann dem armen Kerl nichts abschlagen und betätigt sich aus Mitleid auch noch als Bote.“

Er setzt sich an den Tisch und überfliegt den Brief. Nicht einmal eine DIN-A4-Seite lang und mit sehr deutlicher Handschrift geschrieben. „My dear Cousin“ lautet die Anrede. Lange brütet Mane über den Zeilen, bis einige Schlüsselworte dem Text Sinn geben. Der Cousin ist traurig (sad), dass Lothar Schwierigkeiten (difficulty) hat und im Gefängnis (jail) sitzt. Er will ihm helfen (help you). Er hat einen Freund (friend) in Berlin, der ihn nach seiner Entlassung (release) in seiner Wohnung (apartment) aufnehmen (receive) wird. Bis dahin soll er tapfer (brave) sein. Er wird Lothar bald (shortly) noch einen Brief (letter) schreiben. Wir werden uns wiedersehen (see again).

Mane freut sich, die entscheidende Botschaft herausbekommen zu haben und ist richtig stolz, als er am nächsten Abend ‚Kindergesicht‘ den Briefumschlag mit seiner Übersetzung überreichen kann.

„Bei dem hast du jetzt ein Stein im Brett“, sagt ‚Kindergesicht‘ auch sichtlich erfreut. „Lothar ist ganz gespannt und hat mich schon vorhin danach gefragt.“

* * * * *

Der zweite Besuch

Am Montag, den 04. Dezember steht der zweite und letzte Besuch seiner Frau an. Mane hat dann zwei Drittel seiner Haftstrafe hinter sich.

Als ‚Schweinchen Dick‘ mit Mane zum Besuchstermin losgeht, ruft Gerhard ihm hinterher: „Grüß deine Frau und meine Kinder!“ Die ganze Bande lacht schallend. Mane lacht auch, denn er weiß, dass Gerhard sich gerne witzig findet.

‚Schweinchen Dick‘ winkt mit der Hand ab und sagt zu Mane:
„Komm weg hier, sonst fällt denen noch mehr Blödsinn ein!“

Im Besucherraum muss Mane einige Minuten alleine warten. Ungeduldig geht er hin und her und horcht gespannt nach draußen. Endlich nähern sich auf dem Flur Schritte und er hört Beates Stimme. Schnell begibt er sich auf die von der Tür abgewandten Tischseite.

Als der Wärter mit Beate in den Besucherraum hereinkommt, haut es ihm wieder in den Magen. Erwartungsgemäß! Und die Aussicht, in drei bis vier Wochen wieder zu Hause sein zu können, lässt sein Herz höher schlagen. Beate setzt sich sogleich an die gegenüberliegende Tischseite, während der Wärter so gelangweilt wie möglich aus dem Fenster schaut.

Gefasst, aber mit ernsten Gesichtern, sitzen sie sich gegenüber und halten sich bei den Händen. Dass jemand im Raum ist und ihrem Gespräch zuhören kann, stört Mane heute jetzt nicht mehr so wie beim ersten Mal.

Mane sagt, wie wundervoll Beate aussieht und dass dieser Moment nie vergehen möge. Für sein eigenes Erscheinungsbild entschuldigt er sich, denn er hat sich einen kleinen, blonden Oberlippenbart wachsen lassen und der Knastfriseur kennt auch nur den 08/15-Schnitt. Und dann noch sein blauer Biesenanzug mit Halstuch! Aber Beate findet, dass ihm das alles gut steht.

Als sie über die mögliche Entlassung noch vor Weihnachten sprechen, huscht ein glückliches Lächeln über ihre Gesichter. Beate berichtet, wie sehr die Mädchen in den letzten Wochen gewachsen sind und wie goldig die kleine Steffi lacht, wenn man mit ihr spricht. Mane kann es kaum erwarten, die Kleine zu sehen. Sie war ja erst zwei Wochen alt, als er weg musste.

Er sichert seiner Frau zu, sofort zu schreiben, wenn er den Tag seiner Freilassung erfährt. Als sie sich trennen müssen, sind sie nicht mehr so unheilbar traurig, aber trotzdem fließen Tränen.

Als ‚Schweinchen Dick' mit Mane wieder in die Werkstatt kommt, sehen ihn die fünf anderen forschend an.

„Na, heute siehst du besser aus, als beim ersten Mal", sagt Albert, der Totschläger, „aber du bist ja auch schon so gut wie zu Hause und kannst Weihnachten mit deiner Familie feiern. Wenn mein Gnadengesuch gut ankommt, bin ich ja vielleicht auch draußen."

„Nur noch einen Monat", sinniert Harro, der Bankräuber, laut, „da würde ich schon mal anfangen, meinen Spind aufzuräumen. Ich hab noch drei volle Jahre, meine Fresse!"

Mane weiß, dass er es von allen in der Schusterei noch am besten hat. Nur zwei von ihnen haben in den letzten zwei

Monaten überhaupt einmal Besuch bekommen. Einer von ihnen war Harro, den seine Eltern besuchten. Harro war anschließend sichtlich erleichtert, dass seine Eltern wieder mit ihm gesprochen hatten.

„Mensch, eigentlich haben meine Alten es immer gut mit mir gemeint. Ich dachte schon, nach dem Mist, den ich gebaut habe, sehe ich die nie wieder. Ich bin richtig froh, dass meine Alten wieder mit mir sprechen und zu mir halten."

Der andere war Manfred, der Besuch von seinem Bruder bekam. Der Bruder ist wie Manfred Seemann und hatte eine Woche Landurlaub, weil sein Schiff in der Werft lag.

„Mein Bruder fährt auch auf einem Fischdampfer", sagte Manfred nach dem Besuch, „er will mit seinem Käpt´n reden und wenn es klappt, heuer ich nach meiner Entlassung auf seinem Kahn an. Das wäre ein Ding, dann könnte uns keiner mehr was!"

* * * * *

Herztransplantation und „Mecki Messer"

Zwei Tage später ist ‚Schweinchen Dick', der in der Werkstatt immer wieder Neuigkeiten aus dem Weltgeschehen erzählt, selbst ganz fassungslos.

„Stellt euch vor", berichtet er, „da hat doch so ein südafrikanischer Herzchirurg, ich meine der heißt Christian Barnard, die erste Herztransplantation erfolgreich durchgeführt. Er hat einem Mann sein eigenes krankes Herz herausgenommen und ihm ein gesundes, fremdes eingesetzt. Und der lebt damit! Einfach nicht zu glauben!“

„Wo hat der das Herz denn her?“, will Manfred wissen. „Haben die da irgendeinen umgebracht, um einen anderen zu retten?“

„Nein, nein“, antwortet ‚Schweinchen Dick‘, „im Bericht haben sie gesagt, der junge Mann ist bei einem Autounfall ums Leben gekommen und die Angehörigen waren damit einverstanden.“

In der Schusterei wird lange darüber diskutiert, ob der Mensch jetzt eigentlich noch der alte ist, weil man doch mit dem Herzen fühlt und es ‚ein Bestandteil der Seele‘ ist.

„Stell´ dir vor“, gibt Heiko zu bedenken, „du kriegst ein anderes Herz und tust auf einmal irgendwelche schlimme Sachen, an die du vorher überhaupt nicht gedacht hast, weil der, von dem du das Herz hast, ein richtiger Bandit war.“ Heiko macht eine Pause. Dann sagt er entschlossen: „Also, ich nehme kein fremdes Herz, das steht fest!“ Alle anderen, auch Mane, arbeiten sehr nachdenklich weiter.

An diesem Sonnabend kommt es doch noch zu dem von Mane befürchteten Zusammentreffen mit dem Kerl, der ihm beim Essenausteilen in den Hintern getreten hatte und dafür mächtig Prügel bezog.

Nachdem Mane sich wieder einmal um seine ‚geliebten‘ langen Unterhosen gekümmert hat, ist er dabei, den Flurboden zu bohnern. Gerade als er im Bereich der Zellentür des Fußtreters ist, der ihn nach wie vor täglich feindselig gemustert hat, wird dieser von einem Wärter aus der Zelle geholt.

Als der Wärter in Richtung der Treppe schon einige Schritte vorausgegangen ist, sieht Mane aus den Augenwinkeln, dass dieser Kerl beim Näherkommen mit dem rechten Arm zum Schlag ausholt. Er dreht sich blitzschnell herum und schleudert dem Angreifer den schweren Bohnerbesen zwischen die Beine. Mit einem lauten, klatschenden Geräusch fällt der zu Boden und der Besen knallt gegen die Wand.

Erschreckt blickt der Wärter sich um. Die anderen drei Flurhelfer kommen angelaufen und stürzen sich auf den am Boden liegenden Burschen. Mit wenigen Worten ist dem hinzugekommenen Wärter die Situation erläutert. Er hält jetzt den Fußtreter am Arm fest und geht mit ihm zur Zentrale. Noch am selben Tag wird dieser aus dem Zellentrakt verlegt und Mane sieht ihn nie wieder.

Am Sonntagvormittag beim Hofgang fummelt ein Häftling in der Halle so lange an seinen Schuhen herum, bis Mane auf seiner Höhe ist, und geht dann neben ihm durch die Tür ins Freie. Er ist einen halben Kopf kleiner als Mane und sehr schlank.

„Ich bin Wolfgang“, sagt er zu Mane, „vielen Dank, dass du mich da neulich mit dem Messer gerettet hast. Die hätten mich mindestens zwei Wochen in den Bunker gesteckt und ich hätte mir mein Zweidrittel-Gesuch wahrscheinlich abschminken können.“

„Du bist also ‚Mecki Messer‘, sagt Mane, „das mit dem Messer wäre bestimmt nicht gut für dich ausgegangen. Aber jetzt bist du ja wenigstens in einer Einmannzelle und musst dich mit diesen Brüdern nicht mehr herumärgern. Wann wäre das denn mit deinem Zweidrittel-Gesuch soweit gewesen?“

„Eben, das ist es ja“, antwortet Wolfgang, „im Januar bin

ich dran. Von meinen sechs Jahren habe ich dann fast vier abgesessen und ich hätte mir in den Arsch gebissen, wenn ich das vergeigt hätte. Du ahnst jetzt wohl, warum ich dich in der Halle abgepasst habe?“

„Klar“, antwortet Mane, „dann leg´ gleich mal los.“

Mane wundert sich immer wieder, was man alles in fünfzehn oder zwanzig Minuten erzählen kann, wenn man sich auf das Wesentliche beschränkt. Als sie wieder reingehen, steckt Wolfgang ihm noch einen kleinen ‚Spickzettel‘ zu, auf dem er einige Stichworte notiert hat.

Am Nachmittag holt Mane ein Stück Packpapier aus seinem Wandschränkchen, setzt sich an den Tisch und fängt an zu schreiben. Das aus der Ferne leise Musik zu hören ist und auch wieder „San Francisco“ und „Massachusetts“ dabei sind, macht ihn melancholisch und er muss sich stark konzentrieren.

Wolfgangs Lebens- und Leidensgeschichte ist wieder einmal typisch. Er hatte eine gute Kinder- und Jugendzeit und auch in der Zimmermannslehre verlief alles planmäßig. Bei der Bundeswehr kam er ‚zum Fußvolk in die Lüneburger Heide‘. Da die Bauwirtschaft boomte, verdiente er in seinem Beruf anständig und konnte sich einen kleinen NSU-Prinz leisten. Natürlich war er damit für junge Frauen eine gute Partie. Wolfgang hatte bald eine feste Beziehung und heiratete mit dreiundzwanzig Jahren. Seine Frau war eine kaufmännische Angestellte in einem großen Unternehmen. Mit beiden Einkommen konnten sie sich eigentlich alles leisten, was das Leben lebenswert machte. Sie zogen in eine teure Wohnung, kauften sich ein größeres Auto und reisten viel.

Viel zu spät merkte er, dass er als einfacher Handwerker für seine Frau wohl doch nicht die Erfüllung war. Plötzlich machte sie häufig Überstunden, musste an Seminaren teilnehmen und fing an, sich anders zu kleiden. Ja, und dann verließ sie ihn von einem Tag auf den anderen. Wolfgang fiel in ein großes, schwarzes Loch.

Er zog nun in eine kleine Einzimmer-Wohnung, hörte abends laute Musik und betrank sich regelmäßig vor Kummer. Das gefiel seinem Vermieter natürlich nicht. Als Wolfgang auf seine Beschwerden nicht reagierte, klingelte er eines Nachts an der Wohnungstür und stürmte, als er stark alkoholisiert öffnete, an ihm vorbei ins Zimmer und riss die Stereoanlage vom Tisch. Es kam zwischen dem kräftigen Vermieter und ihm zu einem Handgemenge, in dessen Verlauf Wolfgang sein Klappmesser zog und den Vermieter niederstach.

Im Gnadengesuch nimmt Mane, wie immer, nicht im Einzelnen auf alle Ereignisse Bezug, sondern bringt zum Ausdruck, in welcher Ausnahmesituation sich Wolfgang damals befunden hat und er Gewalt in seinem bisherigen Leben immer vermieden hatte. Seine Tat ist ihm noch heute unerklärlich und er bereut sie zutiefst. Er hat seine Strafe angenommen und sich in den vergangenen vier Jahren völlig geändert. Nach seiner Entlassung will er wieder ein vollwertiges Mitglied der Gesellschaft werden.

Mane überlegt an diesem Abend, ob er bei all dem ‚Schmus', den er in den letzten Wochen verfasst hat, nicht doch hätte Priester werden sollen!

* * * * *

Adventsstimmung

Seit dem ersten Advent, der dieses Jahr erst der 03. Dezember ist, weil der 4. Advent und Heiligabend auf einen Sonntag zusammenfallen, herrscht im Gefängnis eine erwartungsvolle Stimmung. Neben der Zentrale ist ein großer, beleuchteter Weihnachtsbaum aufgestellt worden und von Tag zu Tag gehen mehr Pakete für die Gefangenen ein. Die Wärter sind freundlicher als sonst und auch die Häftlinge sind einander gegenüber hilfsbereiter und versöhnlicher als sonst.

In dieser ersten Weihnachtswoche ist am Mittwochabend nach dem letzten Kontrollgang der Wärter und dem damit verbundenen Nachteinschluss der Gefangenen plötzlich leises Rascheln und Murmeln aus der Halle zu hören. Es hört sich an, als würde eine Besuchergruppe durch das Gefängnis geführt werden.

Mane, der an seinem ‚Schreibtisch' sitzt, hält inne und lauscht gespannt, was sich da in der Halle tut. Jetzt sind leise Kommandos zu hören und sofort verebbt das Murmeln und Rascheln.

Nach einer kurzen Zeit der Stille beginnt ein mit Instrumenten begleiteter, vielstimmiger Chor Weihnachtslieder und Kantaten zu singen. Die Akustik in dem riesigen Innenraum des Gefängnisses ist wunderbar. Die glockenhellen Mädchenstimmen müssen den Häftlingen wie Engelsstimmen vorkommen und erweichen auch den größten Ganoven. Mane sitzt wie versteinert da.
Ein Schauer läuft ihm den Rücken hinab.

Am Sonnabendabend spielt nach dem Nachteinschluss etwa eine Stunde lang ein Blasorchester theatralische Kirchenmusik von Johann Sebastian Bach, Georg Friedrich Händel und anderen. Der Klang der Posaunen, Trompeten, Fagotte, Oboen und Flöten schwebt im Gefängnisbau wie in einer gewaltigen Kathedrale. Die ergreifende Musik geht den Häftlingen durch Mark und Bein. Nachdem der letzte Ton verklungen ist, mischen sich in den Applaus aus den Zellen auch leises Schluchzen und Weinen. Mane hat ebenfalls Tränen in den Augen und sitzt lange unbeweglich auf seinem Hocker.

* * * * *

Die Schwiegermutter

Am nächsten Montagmorgen kann es ‚Schweinchen Dick' wieder nicht lassen, die beiden Fußballexperten Gerhard und Albert aufzuziehen. Kaum haben sie aus dem Haufen alter Schuhe in der Werkstattmitte Stiefelpaare herausgesucht, auf ihren Hockern Platz genommen und mit der Reparatur begonnen, kommt er herein und sagt so nebenbei: „Sonnabend hat Nürnberg zu Hause die Bayern mit sage und schreibe 7:3 geschlagen! An Nürnberg kommt in dieser Saison keiner vorbei. Und die Bayern sollen man lieber auf der Alm die Kühe melken und das Fußballspielen anderen überlassen."

Als der begeisterte Gerhard „Juhu, 7:3!" schreit und aufspringt, wirft der wütende Bayern-Fan Albert seinen Hammer nach ihm. Glücklicherweise trifft er Gerhard nicht, aber der Hammer durchschlägt mit einem lauten Knall eine Scheibe der Glaswand zur Schneiderei, sodass die Häftlinge dort vor Schreck in Deckung gehen.

Am späten Nachmittag winkt ‚Schweinchen Dick' Mane zu sich heran. ‚Schweinchen Dick' hatte schon immer auffälliges Interesse für seine Gnadengesuche gezeigt und so schwant ihm etwas.

„Könntest du auch mir einen großen Gefallen erweisen und etwas für mich schreiben?", fragt er.

„Brauchen Sie vielleicht auch ein Gnadengesuch?", fragt Mane zurück.

„Ja, ja", sagt ‚Schweinchen Dick' und lacht bis zu den Ohren, „ich glaube, so könnte man das auch nennen. Meine Schwiegermutter wird nächsten Sonntag sechzig Jahre alt und ich soll vor der versammelten Großfamilie eine Laudatio halten. Dabei ist sie ein richtiger Besen und hat in den fünfzehn Jahren meiner Ehe nicht viel Gutes über mich gesagt."

„Dann ist das doch die Chance, ihr das Blumenreich heimzuzahlen", sagt Mane, „erzählen Sie doch mal etwas, was typisch für sie ist und worüber Sie sich am meisten geärgert haben."

‚Schweinchen Dick' setzt sich auf die Kante des großen Arbeitstisches, schlägt die Beine übereinander und zieht nun über seine Schwiegermutter ‚richtig vom Leder'.

„Das Schlimmste ist, sie mischt sich in alles ein und macht meiner Frau und mir quasi Vorschriften, wie wir den Haushalt zu führen haben und wie wir unsere beiden Jungs erziehen müssen. Und seit Schwiegervater vor drei Jahren verstorben ist, besucht sie regelmäßig abwechselnd die Familien ihrer drei Kinder. Also kommt sie auch zu meiner Frau und mir. Von der ersten Minute an nörgelt die Alte dann nur herum. Es ist nicht zum Aushalten!“

Es tut ‚Schweinchen Dick‘ spürbar gut, mal so richtig Dampf abzulassen. Mane macht sich währenddessen einige Notizen auf Packpapier. „Morgen früh haben Sie ihre Laudatio“, sagt er schmunzelnd, als der Redefluss endlich endet. Der ärgerliche Schwiegersohn ist sichtlich zufrieden.

Als Mane am nächsten Morgen ‚Schweinchen Dick‘ zwei Seiten Packpapier überreicht, ist dieser schon voll freudiger Erwartung. Während er liest, wird aus einem leisen ‚Glucksen‘ im Hals lautes Lachen. Und den Schluss der Lobrede liest er für alle laut vor: „Liebe Schwiegermutter, zusammenfassend kann ich also sagen, du bist das Beste, was uns allen hier, die wir uns heute zu deinem Festtag versammelt haben, passieren konnte. Wir haben es in den vergangenen Jahrzehnten sehr genossen, wie du unseren Familien mit Rat und Tat, aber natürlich besonders mit Rat, zur Seite gestanden hast. Darauf wollen wir alle keinesfalls mehr verzichten. Und nun erheben wir auf dein Wohl die Gläser.“

„Jetzt fühlt sich dieser Drachen doch noch gelobhudelt“, sagt Harro verständnislos.

„Das mag im ersten Moment so sein“, entgegnet Mane, „aber im Umkehrschluss einer offensichtlichen Übertreibung liegt die Wahrheit. Das wird ihr dann schon dämmern.“

‚Schweinchen Dick‘ hat ein breites Grinsen aufgesetzt und nickt zustimmend.

* * * * *

„Schwarzer Peter“

Wie jedes Jahr wollen die Flurhelfer in der Adventszeit einen Kuchen backen. Es soll wieder den berühmten ‚Schwarzen Peter‘ geben. Mane ist gespannt, wie das gehen soll. Am nächsten Sonntag, es ist der zweite Advent, schließt der Wärter nach dem Mittagessen alle Flurhelfer zusammen in Manes Zelle ein. So was ist natürlich nur in der besinnlichen Weihnachtszeit möglich und wenn man dazu noch der Flurhelfergruppe angehört.

Beim letzten Einkauf Anfang Dezember hat einer der Flurhelfer vier Blockschokoladen, zwei Pakete Palmin und mehrere Packungen Bahlsen-Kekse gekauft, die er jetzt in einem kleinen rechteckigen Karton mitbringt. Die anderen beiden bringen eine leere Tabakdose, ein winziges Drahtgestell, einige Kerzen und Streichhölzer mit. Und los geht’s.

Die Blockschokoladen werden in kleine Stücke gebrochen und mit dem zerteilten Palmin in die Dose gelegt. Die Dose wird auf das Drahtgestell gestellt, darunter zwei Kerzen angezündet. Während nun die Schokolade und das Palmin langsam zu einer Masse zerschmelzen, wird die ‚Backform‘ gerichtet. Dazu wird der rechteckige Karton mit dem Silberpapier der Schokoladenriegel ausgeschlagen. Und nun wird gebacken: eine Schicht Schokoladenmasse, Kekse, Schokoladenmasse, Kekse, Schokoladenmasse, Kekse und so weiter. Zum Abschluss bekommt der Kuchen noch einen ‚Schokoladendeckel‘.

„Absolut echt, der sieht genau so aus, wie meine Mutter ihn immer machte“, sagt Mane anerkennend, „aber wenn ich das draußen erzähle, glaubt mir das kein Mensch!“

Zum Abkühlen wird der Karton oben auf den Sims vor dem vergitterten Fenster gestellt. Nach etwa einer Stunde ist die Schokoladenmasse ‚ausgehärtet‘ und der Kuchen fertig. Noch am selben Nachmittag wird der Schwarze Peter von den Flurhelfern mit Heißhunger verputzt. Nur dem Mane wird danach richtig schlecht.

Am Montag danach, es ist der 11. Dezember, hat ‚Kindergesicht‘ wieder im Zellentrakt Spätschicht. Er ist zu Mane immer sehr freundlich, weshalb die Schusterei-Truppe schon von ‚seinem Kumpel‘ spricht.

Als er abends bei der Runde zum Nachteinschluss Manes Zellentür aufschließt, sieht dieser ihm sofort an, dass er eine gute Nachricht für ihn hat. ‚Kindergesicht‘ hat wieder diesen gönnerhaften Gesichtsausdruck. „Weihnachten bist du zu Hause“, sagt er und macht einige Sekunden Pause, um wohl zu sehen, wie Mane reagiert. Dann fährt er fort: „Am nächsten Donnerstag wirst du entlassen, das sind nur noch zehn Tage! Du kannst deiner Frau schreiben, dass du schon um acht Uhr vor dem Tor stehst.“

Mane, der schon tagelang auf diese Nachricht gewartet hatte, strahlt über das ganze Gesicht und ein großer Druck weicht von ihm. „Prima, vielen Dank“, sagt er und reicht ‚Kindergesicht‘ die Hand, „ich werde noch heute Abend an meine Frau schreiben. Es ist einfach nur schön.“

Während Mane mit den Tränen kämpft, drückt ‚Kindergesicht‘ fest seine Hand. Er kann nachvollziehen, was in ihm vorgeht.

Sofort setzt Mane sich an den Tisch und schreibt an seine Frau. Das Schreibpapier und den Briefumschlag hatte er schon vor drei Tagen bekommen. Aber noch während er schreibt, erfasst ihn wieder eine seltsame Unruhe. Denn obwohl es jetzt ja nur noch wenige Tage bis zu seiner Freilassung und dem Wiedersehen mit seiner Familie sind, beschleicht ihn tief im Innern die Angst, dass man ihn doch noch irgendwie vergessen könnte.

Letztlich aber siegt das Glücksgefühl. Nur schlafen kann Mane in dieser Nacht nicht. Seine Gedanken rattern hin und her.

Am nächsten Morgen beim Appell in der Halle stellt sich Albert freudestrahlend neben Mane in die Reihe. „Was glaubst du, lag gestern Abend auf meinem Tisch, als ich in die Zelle kam?“, flüstert er. Mane begreift nicht sofort und schaut irritiert drein.

„Mensch“, sagt Albert leise triumphierend, „der Beschluss des Landgerichts, dass ich aufgrund meines Gesuches nach Verbüßen von zwei Dritteln meiner Strafe freigelassen werde und mir der Rest als Bewährungszeit auferlegt wird. Ich komme schon mit der Weihnachtsamnestie am 21. Dezember raus. Ist das nicht genial?“

„Schön, dass das mit dem Gnadengesuch geklappt hat“, erwidert Mane erfreut, „dann werden wir beide ja zusammen entlassen. Denn ‚Kindergesicht‘ hat mir gestern Abend auch offiziell mitgeteilt, dass ich auch nächsten Donnerstag entlassen werde.“

Nur Harro, der noch drei Jahre vor sich hat, ist etwas geknickt. „Schön für euch und ich gönne euch das auch“, sagt er missmutig, „aber wer weiß, was für Ochsen wir jetzt in die Werkstatt hereinkriegen. Mit euch hat das irgendwie Spaß gemacht. Schade.“

* * * * *

Das Weihnachtsgeschenk

Zwei Tage später, beim Nachteinschluss, schaut sich der dienstälteste Flurhelfer aus Manes Truppe, es ist der, der ihm schon am ersten Abend die fünf Blatt Toilettenpapier gegeben hatte, an der Zellentür vorsichtig nach allen Seiten um. Als der Wärter drei Zellentüren zurückgeht, um diese abzuschließen, steckt er Mane blitzschnell ein kleines Päckchen zu, das er zur Tarnung in Toilettenpapier eingewickelt hat.

„Schönen Gruß von Harro“, murmelt er leise, „das ist ein Detektor. Morgen in der Werkstatt will er dir erzählen, wie der geht.“

Mane legt das eingewickelte Päckchen, so wie es ist, schnell in den Wandschrank. Er weiß noch aus der Schule, dass ein Detektor ein einfaches Spulenradiogerät ist, das man ohne einen Stromanschluss betreiben kann. Und natürlich haben die Zellen keine Steckdose. Aber er ist sich auch ziemlich sicher, dass man so ein Ding im Gefängnis gar nicht haben darf. Was hat sich Harro, dieser ‚Hans Dampf in allen Gassen‘, dabei bloß gedacht!

Noch bevor Mane am nächsten Morgen beim Antreten in der Halle etwas zu Harro sagen kann, strahlt der ihn an und sagt: „Mein Weihnachtsgeschenk für dich, weil du uns immer so gut mit Tabak versorgt hast."

„Wo hast denn den Apparat überhaupt her?", will Mane wissen.

„Vorgestern ist doch Hermann, der Mörder aus der Schneiderei, entlassen worden", antwortet Harro, „der war mir noch was schuldig und da hab ich ihm das Radio abgeschnackt. Aber frag´ mich nicht, wer dem das gebastelt hat. Und weil ich wusste, dass du es aus der Werkstatt nicht in deine Zelle geschmuggelt hättest, hab ich meine Verbindungen spielen lassen. Nun willst du doch bestimmt wissen, wie das funktioniert, oder?"

„Ja, natürlich", antwortet Mane, „das ist schon eine spannende Sache. Erkläre es mir nachher in der Schusterei, wenn ‚Schweinchen Dick' mal nicht da ist." Er lässt sich nicht anmerken, dass ihm nicht ganz wohl bei der Sache ist.

Als ‚Schweinchen Dick' wieder mal zu seinem Wärterkollegen in die Schneiderei hinübergegangen ist und sich angeregt unterhält, durch die Glaswand hat er dabei seine Pappenheimer in der Schusterei immer im Auge, rückt Harro mit seinem Hocker näher an Mane heran. „Ich hab mir das Ding von Hermann genau erklären lassen und gestern Abend in meiner Zelle schon einmal ausprobiert. Es funktioniert!"

„Ja, auch ich hab mir gestern den Detektor kurz angesehen", sagt Mane, „kaum zu glauben, alles in so einer kleinen Schachtel."

„Also, der Detektor ist in der kleinen Pappschachtel eingebaut, die du gesehen hast", beginnt Harro mit den

Erklärungen, „in der waren früher mal größere Zündhölzer. An einer Seite kommen zwei dünne Drähte aus der Schachtel. Einer davon, der längere, ist die Antenne, den musst du an deinem eisernen Bettgestell festmachen. Der andere Draht ist die ‚Erde', den würde ich um den Wasserhahn wickeln. Auf der anderen Seite der Schachtel kommt das Kabel mit dem Ohrhörer raus, den Hermann ‚Schmalzbohrer' genannt hat. Wenn du dir also den Ohrhörer reingesteckt hast und an dem kleinen Stift oben auf der Schachtel drehst, müsstest du einen nahe gelegenen Sender reinkriegen."

„Wirklich erstaunlich", sagt Mane, „und das ohne Strom! Da kann man doch mal sehen, wie viel Energie die Radiowellen haben. Ich bin richtig gespannt, ob es klappt. Aber natürlich mache ich den ganzen Fummelkram erst, wenn das Licht aus ist."

„Na klar", stimmt Harro zu, „wenn heute ‚Kindergesicht' bei Euch Dienst hätte, wäre das für dich wahrscheinlich kein Problem, aber wenn ein anderer Wärter das Ding sieht, nimmt er es dir garantiert weg. Das wäre doch sehr schade." Man merkt Harro an, dass er richtig stolz auf seine Errungenschaft ist.

Als an diesem Abend das Licht ausgeht, nimmt Mane das Päckchen aus dem Wandschrank und macht es so, wie Harro gesagt hat. Den Antennendraht an das Bettgestell, die Erde an die Wasserleitung. Dann legt er sich aufs Bett, zieht sich die Decke über den Kopf, steckt den kleinen Hörer ins Ohr und dreht vorsichtig an dem Stift. Es rauscht einige Sekunden, dann ist plötzlich deutlich Musik zu hören und danach eine quäkende Stimme. Es muss ein Langwellensender sein. Er ist völlig fasziniert. Wie können aus so einer winzigen

Pappschachtel bloß Musik und Stimmen kommen!

„Klappt hervorragend“, sagt Mane am nächsten Morgen beim Antreten in der Halle leise zu Harro, „wenn ich entlassen werde, gebe ich dir den Detektor zurück. An deiner Stelle würde ich ihn nicht mehr weggeben, ist einfach nur gut.“

Mane hört jetzt einige Tage lang abends Radio. Besonders interessieren ihn die Nachrichten, die zu jeder Stunde gesendet werden. Und hierbei wird ihm richtig klar, dass das Abschneiden der Gefangenen von Informationen ein ganz bewusster Teil der Strafe ist. Für viele Insassen neben der körperlichen Gefangenschaft ist das bestimmt der zweitschlimmste Teil. Zumindest in der ersten Zeit.

* * * * *

Endlich Nachrichten

So erfährt Mane jetzt durch die quäkende Stimme des Nachrichtensprechers, dass in Südvietnam Anfang Dezember bereits 485.000 amerikanische Soldaten stationiert sind und seit Beginn der amerikanischen Intervention schon 20.000 Soldaten gefallen sind. Wie viel tausende Tote es in der Zivilbevölkerung gegeben hat, vermag niemand zu sagen. Geholfen hat das Eingreifen der USA dem geschundenen Land bis heute nicht. Ganz im Gegenteil, das kommunistische Nordvietnam wird von der UDSSR und China mit Waffen versorgt und bereitet sich offensichtlich auf eine Großoffensive vor.

Im Anschluss an die Nachrichten weist ein Kommentator in diesem Zusammenhang darauf hin, dass die junge Generation in Amerika gegen den Vietnamkrieg und gegen die Wohlstandsgesellschaft aufbegehrt und deshalb die ‚Hippie-Bewegung' einen starken Zulauf erhält. Diese jungen Menschen nennt man auch ‚Blumen-Kinder'.

Mane hat sofort die beiden Songs „San Francisco" und „Massachusetts" im Ohr.

„Was soll nur aus dieser Welt werden", sagt er zu sich selbst und lässt die Ereignisse in der Bundesrepublik aus diesem Jahr an seinem geistigen Auge vorbeiziehen, „das Jahr 1968 kann ja heißes Jahr werden!"

„Was haben die denn gestern Abend im Radio gesagt?", fragt Albert morgens in der Schusterei gespannt. „Erzähl doch mal."

Als Mane vom Vietnamkrieg und den Blumenkindern der Hippie-Bewegung berichtet, schnaubt Manfred los: „Diese Weicheier, keine Lust zu arbeiten und zu feige fürs Militär. Aber mit den Weibern rummachen, das können sie. Man sollte die zum Deichbau an die Nordsee schicken. Bis zu den Hüften im Schlick und oben die Fliegen!" Beifälliges Gelächter der Truppe ist ihm sicher.

Abends hört Mane in einem Kommentar, dass es im nächsten Jahr wenigstens mit der Wirtschaft in Deutschland wieder bergauf gehen soll. Er hört das gerne, denn während seiner Arbeit bei der Krankenkasse hatte er hautnah mitbekommen, wie seit dem Frühjahr dieses Jahres bis zu seiner Inhaftierung Anfang Oktober die Arbeitslosenzahlen ständig gestiegen waren. Jeden Tag standen vor seinem Schalter demotivierte Versicherte, besonders ältere Männer, und klagten ihm ihr Leid.

Wie er jetzt aus dem Detektor hört, ist es im Sommer dieses Jahres zu einem regelrechten Konjunktureinbruch gekommen. Zum ersten Mal in der bundesdeutschen Nachkriegsgeschichte habe es kein Wirtschaftswachstum gegeben, im Gegenteil, das Bruttosozialprodukt sei gefallen und die Arbeitslosenquote als Folge der stagnierenden Wirtschaft enorm gestiegen. Deshalb vertraut Karl Schiller, der Bundeswirtschaftsminister, nicht mehr auf die viel zitierten Selbstheilungskräfte des Marktes und hat eine sogenannte ‚Konzertierte Aktion' ins Leben gerufen. Da sitzen alle, die was in Wirtschaft und Politik zu sagen haben, am runden Tisch und suchen einen Ausweg aus der Krise.

In einem Radio-Interview weist ein Soziologie-Professor darauf hin, das 1967 als das Jahr der Hippie-Bewegung und des Drogenmissbrauchs in die Geschichte eingehen wird. Das ist die Antwort der Jugend auf Leistungsdruck und Arbeitslosigkeit. Viele junge Menschen fühlen sich, wie auch in der Bundesrepublik, vom Staat unterdrückt und erheben vermeintliche Freiheitshelden wie Che Guevara und Ho Chi Minh zu ihren Ikonen.

Mane beschleicht die Furcht, dass das wiederum zu einem Anstieg der Gewalt in der Gesellschaft führen könnte. Wie es sich ja bereits gezeigt hat, neigen junge Menschen, die dem Staat misstrauen, zu Anarchie und Gewalt, mit der Folge, dass der Staat autoritär zurückschlägt. Keine guten Aussichten für den inneren Frieden im Lande.

Er muss unter der Decke den Kopf schütteln, als er später hört, dass man sich draußen darüber Gedanken macht, ob wir diesmal zu Weihnachten Schnee haben werden. Die haben vielleicht Sorgen!

Am Montag, den 18. Dezember, träumt Harro, der Bankräuber, wie noch an jedem Tag, von seinem ‚Blitzabgang', denn natürlich ist das Strafmaß für seinen harmlosen Überfall mit vier Jahren Gefängnis deutlich zu hoch ausgefallen. Er hat zwar die Pistole im Kassenraum gezogen, aber nicht geschossen und auch sonst niemanden verletzt. Und irgendwann wird ein Gericht das auch so sehen und ihn sofort freilassen. Schließlich ist er schon ein Jahr hier und führt sich anständig. „Aber für den Fall, dass die das doch nicht so schnell merken", sagt Harro zu Mane, „schreib mir vorsichtshalber auch ein Zweidrittel-Gesuch, bevor du weg bist. Dann weiß ich wenigstens, was ich später schreiben soll."

„Klar, mach ich", antwortet Mane, „das ist dann mein Weihnachtsgeschenk für dich. Wir machen es wie immer. Setz dich hier hin und erzähle mal, wie es dazu kam, das du so einen Blödsinn überhaupt gemacht hast."

Und Harro erzählt, dass bis zum Ende seiner Lehre als Maler eigentlich alles im Lot war. Mit seinen Eltern verstand er sich gut und gravierende Probleme kannte er nicht.

Angefangen habe dann alles eigentlich bei der Bundeswehr, bei der ‚Gebirgsmarine' im Allgäu. Weit von zu Hause weg, fast allabendliche Trinkgelage und Mädels, Mädels, Mädels! Als er dann zurückkam, fing er an, mit seinen Kumpels fast jeden Abend in Diskotheken, die gerade in Mode kamen, herumzuhängen. Er lernte Mädchen kennen und ‚markierte den großen Max', wie er selbst sagt. Unbedingt musste ein Sportwagen her und er kaufte er sich auf Abzahlung einen Karmann-Ghia, den er sich eigentlich nicht leisten konnte.

Aber auch seine Freunde nahmen ihn aus wie eine ‚Weihnachtsgans'. Sein Arbeitsverdienst reichte schon lange nicht mehr aus. Als seine Ersparnisse verbraucht waren, lieh er sich von seinen Eltern Geld. So ging das zwei, drei Jahre, bis seine Eltern den Geldhahn zudrehten. „Aber ich war es mittlerweile gewöhnt, Geld auszugeben", hadert Harro mit sich, „also besorgte einer der Kumpel mir eine Knarre und ich überfiel eine Bankfiliale. Den Rest kennst du ja schon."

An diesem Abend entwirft Mane sein letztes Gnadengesuch. Im entscheidenden Teil des Gesuches schreibt er, dass Harro eingesehen hat, falsche Freunde gehabt zu haben und dass er erkannt hat, wohin ihn seine Verschwendungs- und Geltungssucht gebracht hat. Er hat im Gefängnis Zeit gehabt über alles nachzudenken und distanziert sich nachdrücklich von seinem Lebenswandel der letzten Jahre. Der Banküberfall, den er zutiefst bereut, war eine Kurzschlussreaktion. Künftig werde er ehrlich seinen Lebensunterhalt verdienen und immer ein gesetzeskonformer Bürger sein.

Als das Licht ausgeht, kriecht Mane unter die Decke und zählt leise nach: auf Dienstag, auf Mittwoch, auf Donnerstag, nur noch drei Nächte! Bei diesem Gedanken kribbelt es in seinem Bauch und er liegt lange wach.

Die nächtlichen Geräusche sind jetzt nicht mehr beängstigend, denn Mane kennt ihre Ursachen genau und so schläft er irgendwann ein.

*****

Der Abschied

Der nächste Tag ist Dienstag, der 19. Dezember. In der Schusterwerkstatt herrscht an diesem Morgen eine eigenartige, feierliche Stimmung. Mane und Albert haben ihren letzten Arbeitstag. Denn beide müssen morgen in ihren Zellen bleiben, da sie im Laufe des Tages in eine Abschiebezelle verlegt werden, aus der sie dann übermorgen entlassen werden.

„In der Bäckerei haben die schon viele Christstollen fertig“, sagt Albert. „Gegen schöne Stiefel geben die uns bestimmt zwei ab.“

Er weiß aus Erfahrung, schließlich ist er mit verbüßten vier Jahren Haft der ‚Dienstälteste‘ hier, dass die Gefangenen an den Weihnachtsfeiertagen jeweils zwei Scheiben davon bekommen. Alle machen sich sofort an die Arbeit und nur eine Stunde später stehen sechs hoch glänzende Stiefelpaare da. Harro und Albert, die Organisierer, packen sie in ihre Lederschürzen und ‚Schweinchen Dick‘ marschiert mit ihnen los. Inzwischen säubern die anderen den großen Arbeitstisch, legen ihn mit Packpapier aus und stellen die Hocker davor.

Nach zwanzig Minuten sind die drei mit zwei wunderbar

duftenden Christstollen wieder da. Nachdem der erste Stollen zerteilt ist, setzt sich auch ‚Schweinchen Dick‘ dazu. Die Gruppe isst, lacht und scherzt. Mane ist sich sicher, dass einige aus der Runde solche Momente der Kameradschaft selbst draußen nicht erlebt haben!

Aber für die Fußballexperten Gerhard und Albert gibt es an diesem Tag doch einen Wermutstropfen, denn ‚Schweinchen Dick‘ erzählt beiläufig, dass die deutsche Nationalmannschaft am Sonntag 0:0 gegen Albanien gespielt hat und damit nicht im nächsten Jahr an der Europameisterschaft teilnehmen wird.

„Das ist ja so“, ereifert sich Albert, „als würde Bayern München gegen eine Kneipenmannschaft von der Reeperbahn verlieren!“

„Wenn die Bayern so weitermachen“, lästert Gerhard, „dann ist das auch wirklich bald soweit!“

Bei diesen Worten duckt sich Gerhard vorsichtshalber, denn Albert, der Bayern-Fan, droht ihm mit dem Hammer. Aber er wirft nicht, es ist halt Weihnachtszeit!

„Aus dir wäre ein guter Schuster geworden“, sagt ‚Schweinchen Dick‘ beim Abschied lachend zu Mane, „wenn man bedenkt, was du in diesen drei Monaten gelernt hast, könnte man meinen, das hätte dein Traumberuf werden können.“

„Sie haben durch Ihre faire und freundliche Art aber auch viel dazu beigetragen“, erwidert Mane und reicht ihm die Hand, „ich weiß nicht, ob Gefängniswärter Ihr Traumberuf ist, aber Sie machen einen guten Job. Ich werde Sie nie vergessen.“ Sie schütteln sich lange die Hände.

Mane muss daran denken, wie es zunächst nur seine

Aufgabe war, die Stiefelpaare zu reinigen und zu polieren. Wie er im zweiten Schritt die Hacken reparieren und mit Eisen beschlagen durfte. Und schon Tage später konnte er auch abgewetzte Sohlen mit Packpapier ‚abdrücken', neue aus den Lederbahnen herausschneiden und mit der Brandsohle sorgfältig verkleben. Danach fehlte nur noch die dünne Laufsohle aus Gummi. Irgendwie war er immer stolz, wenn so ein repariertes, poliertes Stiefelpaar vor ihm stand.

Und dass er sich hin und wieder dabei kräftig auf die Finger hämmerte und laut fluchend durch die Werkstatt sprang, gehörte einfach dazu.

An diesem Abend erhält Mane zum zweiten Mal Besuch vom Anstaltsgeistlichen. Er kommt unangemeldet und überraschend nach dem Nachteinschluss in die Zelle. „Ich muss unbedingt noch einmal mit dir sprechen", sagt er beim Eintreten. Mane steht respektvoll auf und geht ihm zwei Schritte entgegen. Der weißhaarige Geistliche setzt sich wie beim ersten Besuch auf den Hocker. Mane klappt das Bett herunter und nimmt dort Platz.

„Als du vor zwölf Wochen vor mir standst", beginnt er, „so blutjung und wegen deiner festen Überzeugung in meinen Augen auch unschuldig, habe ich mich tatsächlich ein wenig geschämt und ich machte mir Sorgen, wie du wohl diese Zeit überstehen würdest."

Er streicht sich mit der Hand über sein schütteres Haar und ein Lächeln huscht über sein Gesicht, als er fortfährt: „Aber schon nach drei, vier Wochen erzählten mir die Wärter in unseren Gesprächsrunden, dass du großes Vertrauen bei den Gefangenen genießt und ständig Zweidritteilgesuche für sie schreibst, die du auf Packpapier durch die Kontrollen schmuggelst. Wie bist du eigentlich dazu gekommen?"

„In den ersten Tagen war ich regelrecht am Boden zerstört", antwortet Mane, „und wäre ich nicht nach einer Woche zur Arbeit in die Schusterwerkstatt eingeteilt worden, wer weiß, wie es mir ergangen wäre. Übrigens, das war eine besondere Truppe, sie harmonierte untereinander hervorragend und etwas Sinnvolles tun zu können, gab mir Kraft. Nie im Leben hätte ich geglaubt, Schuhe reparieren zu können und dabei auch noch Spaß zu haben."

Bei diesen Worten muss Mane über sich selbst lachen.

„Eines Tages, ich glaube, es war zu Beginn der dritten Woche, klagte Albert darüber, dass er jetzt sein Gnadengesuch einreichen könnte, wüsste aber einfach nicht, was er schreiben sollte. Da habe ich mich angeboten, ihm einen Entwurf zu schreiben. Also hat er mir in Kurzform sein bisheriges Leben erzählt und was nach seiner Entlassung vorhat. Ich habe mir Notizen gemacht und abends das Gesuch ausgearbeitet."

„Gut, das war ein Gnadengesuch", sagt der Geistliche, „aber du hast ja viel mehr geschrieben. Wie kam es denn dazu?"

„Ja, ja, ich meine, es waren insgesamt fast fünfzig Entwürfe", sagt Mane ein bisschen stolz, „das war nachher richtig Arbeit. Meine Mitgefangenen aus der Tischlerei, Schneiderei, Wäscherei, Bücherei, Bäckerei, der Küche und der Kleiderkammer kamen direkt zu mir in die Schusterei oder steckten mir beim Appell oder Hofgang Zettel mit Stichworten zu. Aber mir wurden auch Kassiber von Häftlingen übergeben, die tagsüber nicht aus ihren Zellen herauskamen, weil sie dort arbeiteten. Für manche war auch noch gar nicht der Zeitpunkt für ein Zweidrittelgesuch gekommen. Aber sie wollten schon mal einen Entwurf für später haben."

Mane macht eine kleine Pause. „Übrigens", sagt er dann, „viele Schicksale, die ich in den letzten Wochen und Monaten kennengelernt habe, haben mich tief berührt. Eine ganz Reihe dieser Männer, die Straftaten und auch schwere Verbrechen begangen haben, sind selbst Opfer ihrer fehlenden Erziehung, ihres katastrophalen Elternhauses, ihrer gesetzlosen Umgebung und einer verantwortungslosen Erwachsenenwelt. Ich denke, Sie können das mit Ihrer Erfahrung noch viel besser beurteilen als ich."

Als der Geistliche nur stumm nickt, fährt Mane, der jetzt ‚in Fahrt' ist, fort: „Und wenn jemand von Kindesbeinen an nichts anderes kennt als Gewalt und Unmoral, was kann die Gesellschaft da anderes von ihm erwarten? Aber manche sind auch hier, weil sie trotz guter Erziehung in einer einzigen Situation versagt haben. Ich bin hier zu der Überzeugung gekommen, dass weder für die einen noch für die anderen immer nur eine Gefängnisstrafe das Richtige ist."

„Ja, du hast völlig recht", sagt der Geistliche zustimmend, „die Prävention muss im Elternhaus beginnen und genau da hapert es in unserer Gesellschaft zunehmend. Aus meiner Sicht ist eine liebevolle Erziehung die beste Vorbereitung auf das harte Erwachsenenleben und auch die beste Art der Vorbeugung gegen gesetzloses Verhalten. Gefängnisse können Menschen vielleicht abschrecken, aber in ihrer Seele nicht festigen und in der Regel nur verbittern."

„Außerdem," sagt Mane, „ist das Gefängnis für labile Charaktere die reinste Verbrecher-Akademie. Mich wundert sehr, dass Juristen und Politiker diesen Gesichtspunkt bisher vernachlässigt haben. Ich habe oft gehört, wie Männer mit ihren Taten geprahlt und sich gegenseitig detaillierte Ratschläge gegeben haben, wie sie, wenn sie wieder draußen sind, noch effektiver ‚arbeiten' können. Aber selbst die, die wieder ein Glied der rechtschaffenen Gesellschaft werden wollen, haben das Problem, dass sie über lange Zeit stigmatisiert sind, das heißt quasi ein Kainsmal auf der Stirn tragen. Auf dem Gebiet der Resozialisierung steht unser Land noch ganz am Anfang."

„Ja, es ist entscheidend, wie wir, also die Gesellschaft, den ehemaligen Häftlingen begegnen", stimmt der Geistliche zu, „nur wenn sie wieder Achtung erfahren und Vertrauen spüren, werden sie zurückfinden."

Der Geistliche sieht Mane aufmerksam an: „Du hast dir innerhalb kürzester Zeit das Vertrauen vieler Mitgefangener erworben und in den zurückliegenden zwölf Wochen mehr für diese Männer gemacht, als ich in einem ganzen Jahr bewerkstelligen könnte."

Er macht eine Pause und sagt dann leise: „Wenn deine Gefängnisstrafe für dich eine Prüfung gewesen sein sollte, dann hast du sie bestanden!"

„Übrigens", sagt er im Aufstehen, „zum Schluss noch eine gute Nachricht für dich. Vor einer zweiten Verurteilung wegen deiner einmal getroffenen Gewissensentscheidung musst du dich wahrscheinlich nicht mehr fürchten. Das Bundesverfassungsgericht beschäftigt sich gerade mit der Frage, ob eine nochmalige Einberufung mit der Folge einer nochmaligen Verurteilung mit dem Grundgesetz vereinbar ist. Ich bin sicher, dass das Gericht entscheiden wird, dass diese Praxis nicht grundgesetzkonform ist."

An der offenen Zellentür schüttelt der Geistliche Mane lange die Hand. Ein bisschen sieht er in ihm wohl auch seinen Sohn.

* * * * *

Besinnung

Als der Gefängnisgeistliche gegangen ist, zwickt es Mane ein wenig im Nierenbereich. Insgesamt ist er aber glücklich darüber, wie gut er die Sache in den vergangenen Wochen im Griff hatte. „Jetzt zum Schluss bloß nicht noch eine Kolik“, sagt Mane zu sich selbst, „also noch einmal die ‚Treppe‘. Er trinkt viel Wasser, wartet etwa eine viertel Stunde und springt dann mehrere Male vom Hocker. Dabei freut er sich schon auf das erste Bier, das er in ein paar Tagen trinken wird, denn Bier ‚spült‘ doch immer noch am besten die Nieren.

Mane liegt in dieser Nacht wieder lange wach. Ja, diese achtzig Tage Gefängnis sind wirklich eine Prüfung für ihn gewesen! Er muss an den Film „In 80 Tagen um die Welt“ denken. Er ist nicht um die Welt gereist, hat aber achtzig Tage lang Zeit gehabt, das eigene „Ich“ zu erforschen.

Wie sehr hatten ihn zu Beginn der Haftzeit die Demütigungen verletzt. Wie verloren und einsam kam er sich in den Tagen der absoluten Einzelhaft und danach in den vielen einsamen, langen Nächten vor. Was hätte er alles für die Freiheit gegeben!

Wie froh war er gewesen, wieder mit Menschen reden zu können, in der Schusterei etwas Sinnvolles tun zu dürfen. War der Geruch von Leder, Gummi und Kleber nicht das reinste Parfüm? Wie ‚Schweinchen Dick' richtig sagte, hatte er dabei auch was fürs Leben gelernt. Und als er dann die Männer um sich herum besser kennenlernte, hatten ihre Charaktere und Schicksale ihn tief bewegt. Als er feststellte, wie er ihnen durch seine Schreiberei helfen konnte, ergriff ihn eine Befriedigung, die kaum zu erklären ist.

Viele der fast fünfzig Gnadengesuche könnte er, wenn er jetzt Papier und Bleistift hätte, noch einmal aus dem Gedächtnis niederschreiben. So sehr haben sich die menschlichen Tragödien bei ihm eingegraben! Er denkt an die vielen langen Abende, an denen er daran arbeitete, mit passenden Formulierungen um Gnade für die Betroffenen zu bitten.

Besonders erschreckt hat Mane, dass man bei einigen Mitgefangenen, wenn man ihre Herkunft und Kindheit betrachtet, quasi von einer Vorherbestimmung sprechen kann, die sie in eine tiefe Ausweglosigkeit geführt hat.

Und wenn er an die Schuster-Truppe denkt, ist es nun nicht so, dass er sie sehr vermissen wird, wenn er wieder zu Hause ist, aber die Art und Weise, wie sich Harro, der Bankräuber, Gerhard, der ungewollte Sexualtäter, Manfred, der Fischschlächter, Heiko, der vom anderen Ufer, und Albert, der unabsichtliche Totschläger, zusammengerauft haben, ist schon beeindruckend. Wenn diese Truppe an manchen Abenden fröhlich auf den Brettern trommelte und Schlager, besonders natürlich Freddys „Brennend heißer Wüstensand", sang, entstand eine Atmosphäre, die schwer zu beschreiben ist.

Dann war für einige Minuten das Gefängnis ganz weit weg.

Auch seine Arbeit als Flurhelfer, die er heute Abend beendete, hat ihm unerwartete Einblicke in die Gefängniswelt erlaubt. Er hätte es nicht für möglich gehalten, dass er einmal wöchentlich siebzig lange Unterhosen, die er früher nicht einmal mit der berühmten Kneifzange angefasst hätte, sorgfältig aufeinanderlegte und zusammenrollte. Obwohl es ihn jetzt noch schüttelt, ist er doch stolz, es durchgehalten zu haben. Überwindung ist eben erlernbar! Auch so eine Erfahrung!

Besonders aber hat es sich in seinem Herzen und seinem Sinn eingebrannt, dass man die Freiheit erst dann richtig schätzen kann, wenn man die Unfreiheit am eigenen Leib gespürt hat. Und dazu braucht es manchmal nur wenige Wochen! Wie klein sind viele Sorgen und Probleme des Alltags von hier aus dem Gefängnis heraus betrachtet. Mane nimmt sich vor, künftig die Freiheit zu genießen und sich an den wirklich wichtigen Dingen im Leben zu orientieren. Das Wichtigste davon ist jetzt seine Familie.

* * * * *

Die Torpedo-Zelle und das Wiedersehen

Der vorletzte Tag! Mane bleibt in seiner Zelle, denn im Laufe des Tages wird er ja in die Abschiebezelle verlegt. Diese Zelle ist noch einmal schmaler als seine Einmannzelle, haben ihm Mitgefangene erzählt. Sie wird von den

Gefangenen deshalb auch ‚Torpedo-Zelle‘ genannt.

In dieser Nacht hat er kaum geschlafen. Als Licht angeht, wäscht er sich kurz und zieht sich schnell an. Er legt Laken, Wolldecke und Handtuch zusammen, nimmt seine persönlichen Sachen aus dem kleinen Wandschrank und legt sie zu dem Essgeschirr auf den Tisch. Jetzt ist er ‚abholbereit‘. Aber zunächst kommt noch einmal seine Flurhelfer-Truppe mit dem Frühstück vorbei. Noch ist kein Neuer dabei, sie machen es zu dritt.

„Mach´s gut, Schreiberling, und steck´ ein Gruß mit rein“, frotzelt der Erste und die anderen grinsen. Dann sind sie vorbei. Mane zwingt sich, einige Happen zu essen. Wie ein Tiger rennt Mane dann in der Zelle auf und ab. Seit Tagen hat er vor Aufregung nicht mehr richtig geschlafen und das zerrt an seinem Nervenkostüm.

Aber am späten Vormittag ist es endlich soweit. Schritte nähern sich und der Schlüsselbund rasselt. Als die Tür aufgeht, steht da ‚Kindergesicht‘. Wie immer mit der irgendwie zu großen Uniformmütze. „Auf geht’s zum letzten Akt“, sagt er aufmunternd, „kann mir richtig vorstellen, wie du dich auf deine Familie freust.“

Mane nimmt seine Sachen unter den Arm und ‚Kindergesicht‘ dirigiert ihn zu der ‚Torpedo-Zelle‘, die sich unmittelbar vor dem Verwaltungstrakt befindet.

Als die Zellentür sich öffnet, sieht er, dass die Bezeichnung Torpedo-Zelle zutreffend ist. Kein Tisch, kein Hocker, kein Schrank, nur ein Klappbett, eine kleine Konsole an der Wand, ein Toilettenbecken und ein winziges Waschbecken.

Und wenn er seine Arme ausstreckt, kann er beide Seitenwände berühren.

Vor Aufregung kann Mane in dieser Nacht überhaupt kein Auge zumachen. Die neue Umgebung, andere Geräusche aus dem angrenzenden Verwaltungstrakt, in dem Wärter auch nachts ein- und ausgehen und natürlich besonders die Gewissheit, dass er in einigen Stunden wieder mit seiner Familie vereint ist, wühlen ihn auf.

Und er schaut sich die Zelle noch einmal genau an, will sich alle Einzelheiten einprägen, um diesen tiefen Einschnitt in seinem Leben zu verinnerlichen. Die grauen Wände, das offene Toilettenbecken ohne Sitz und Deckel, das winzige Waschbecken und das vergitterte Oberlicht wird er in dunklen Stunden noch lange vor Augen haben.

Und dann ist es soweit! Das Licht in der Torpedo-Zelle geht an und die Klingel schrillt. Es ist sechs Uhr. Der ersehnte Entlassungstag! Mane springt vom Bett, macht etwas ‚Katzenwäsche', zieht zum letzten Mal seinen blauen Biesenanzug an, nimmt die persönlichen Sachen unter den Arm und setzt sich auf die Bettkante. Noch einmal kommt der Essentross vorbei und er merkt den Flurhelfern an, dass sie ihn beneiden. Noch vor Weihnachten in die Freiheit, wer möchte das nicht!

Danach werden aus Minuten Stunden. Schritte nähern sich und verhallen wieder. Endlich rasselt ein Schlüsselbund und ein der Wärter schließt die Tür auf. „So, dann wollen wir mal", sagt er lächelnd.

Sie gehen in den Raum, den Mane schon kennt, denn dort musste er bei seiner Inhaftierung seine Taschen ausleeren, sich splitternackt ausziehen und alles auf einen großen Tresen legen. Er musste eine Aufstellung über die abgegebenen Sachen per Unterschrift als richtig bestätigen und danach eine äußerst unangenehme Leibesvisitation über sich ergehen lassen. Dann verpassten ihm die in der Kleiderkammer beschäftigen Häftlinge nach Augenmaß seine ‚sieben Sachen'. Jetzt geht es andersherum, aber glücklicherweise ohne Leibesvisitation!

Mane kennt die beiden Häftlinge, die ihm jetzt seine privaten Sachen auf den Tresen legen, von vielen Begegnungen in der Schusterwerkstatt, von den Hin- und Rückwegen zwischen Zellentrakt und Werkstattgebäude sowie von einigen Hofgängen.

„Grüß die Freiheit von uns, Schreiber", sagt einer von ihnen und fügt hinzu: „Vielleicht sieht man sich mal wieder. Aber hoffentlich nicht hier!"

Mane reicht beiden kurz die Hand und antwortet: „Haltet die Ohren steif. Jeder Mensch bekommt seine zweite Chance in Leben. Vermasselt es nicht wieder! Ich denk´ an euch."

Mane zieht die Sträflingssachen aus, seine eigenen an und quittiert ihren Erhalt. Der diensthabende Wärter übergibt ihm das von allen Gefangenen ersehnte Papier, den Entlassungsschein.

Der Entlassungsschein des Strafgefängnisses dokumentiert unter der Buchnummer 1853/67 Folgendes:

Tag der Entlassung: 21. Dez. 1967, 07.30 Uhr
Grund der Entlassung: Strafende

Unterkunft: nach seinen Angaben bei der Familie
Arbeit: nach seiner Angabe vorhanden
Eigene Kleidung: vollständig und in Ordnung
Bei der Entlassung erhalten:
eigenes Geld: 20,20 DM
Arbeitslohn: 19,60 DM
Fürsorgemaßnahmen: nicht erforderlich

Es ist ungefähr acht Uhr und noch nachtdunkel, als Mane über den Vorhof zum Gefängnistor geführt wird. Klare Winterluft umweht seinen Kopf und Schneeflocken tanzen im Licht der Scheinwerfer. Aus der verglasten Pförtnerloge kommt der Wärter heraus und schließt in der Toranlage die Tür für Fußgänger auf. Mane tritt ins Freie.

Da steht Beate mit der jetzt fast zweijährigen Mirjam an der Hand. Mit der anderen Hand hält sie den Kinderwagen, in dem die dreimonatige Steffi liegt. Mane stürmt auf sie zu, umarmt Beate und Mirjam fest und kann sich an der kleinen Steffi im Kinderwagen gar nicht sattsehen. Wie groß Kleinkinder und Babys in drei Monaten nur werden können!

Dann dreht sich Mane um und schaut, mit seiner Familie im Arm, noch einmal auf das von Scheinwerferlicht erhellte Gefängnisportal. Dieser Augenblick der Freiheit, verbunden mit dem glücklichen Wiedersehen seiner Familie, wird er für immer in Erinnerung behalten.

Niemals, solange er lebt, wird Mane diese 80 Tage im Herbst 1967 vergessen! Sie haben sein Leben verändert und auf schwer erklärbare Weise auch bereichert.

Mehr bei DeBehr von Manuel Mertes

Russen, Rüben, Rockn'Roll - ein Zwillingsroman

Manuel Mertes

ISBN-13: 978-3941758025

1945 - Der Flüchtlingstreck bewegt sich gen Westen, immer fort, nur fort von den folgenden Russen. Es ist ein denkbarer ungünstiger Zeitpunkt, doch Leben lässt sich nicht aufhalten. Gleich doppelt drängt es ans Licht der Welt. Die Zwillinge Manuel und Michael überraschen ihre Mutter Meta, die meinte, nur ein Kind zu erwarten, inmitten der Wirren des Krieges. Bittere Jahre beginnen nun auch für die Kleinen. Flüchtlingskinder haben es nicht leicht. Doch Zwillinge halten zusammen, sie ergeben sich nicht dem Jammer der Zeit, sind immer füreinander da. Allmählich wird alles besser, und sie erleben, was heranwachsende Kinder seit Generationen erleben - im Doppelpack. Lesen Sie diesen bewegenden Zwillingsroman, der als Zeitzeugenbericht in Kriegs- und Nachkriegsjahre entführt. Erfahren Sie, wie Zwillinge fühlen, in guten und in schlechten Zeiten.